ro
ro
ro

Zu diesem Buch

Alle klagen über die rasante gesellschaftliche Entwicklung, über
die hohe Komplexität und über
Streß – alles Phänomene, die zu
bewältigen sind, man muß nur
wissen wie! Bioenergetik hilft,
das Zusammenspiel von Körper-
Erleben und Fühlen, Körperausdruck und Handeln zu begreifen.
Das persönliche Streßprofil und
die Art und Weise, mit Belastungen umzugehen, sagen viel über
das Innere des Menschen aus. Wo
die streßproduzierenden Faktoren liegen, wie auf diese einzu-
wirken ist, zeigt der Autor an
praktischen Trainingsmodellen
und mit Anleitungen zum konkreten Handeln.

ULRICH SOLLMANN, Diplom-So-
zialwissenschaftler und körper-
orientierter Psychotherapeut, ist
seit 1982 in Organisationsentwicklung, Coaching und Supervision tätig und bekannter Trainer
für Bioenergetik und Körpersprache. Er ist Autor vieler Fach-
bücher und schreibt regelmäßig
für große Tageszeitungen und
Wochenmagazine.

ULRICH SOLLMANN

Management by Körper

*Körpersprache, Bioenergetik,
Streßbewältigung*

Mit Fotos von Horst Lichte

ROWOHLT TASCHENBUCH VERLAG

Dank für Eure freundschaftliche
und kollegiale Klarheit.
Wolfgang Korruhn
Wolfgang Looss

Erweiterte Ausgabe
Veröffentlicht im Rowohlt Taschenbuch
Verlag GmbH, Reinbek bei Hamburg, Juni 1999
Copyright © 1999 by Rowohlt Taschenbuch
Verlag GmbH, Reinbek bei Hamburg
Copyright © der Originalausgabe 1997 by
Orell Füssli Verlag, Zürich
Umschlaggestaltung Barbara Thoben
(Foto: Tony Stone Images, James Harrington)
Satz Utopia PostScript in QuarkXPress 3.32
Gesamtherstellung Clausen & Bosse, Leck
Printed in Germany
ISBN 3 499 60712 3

INHALT

1   GYMNASTIK FÜR DIE SEELE

... das Ganze pflegen!

Wir müssen heute immer häufiger und in gewichtigeren Zusammenhängen erkennen, daß die Steuerung des marktwirtschaftlichen Erfolgs eines Unternehmens und die Steuerung einer politischen Strategie einer turbulenten Entwicklung unterliegt und nicht selten an ihre Grenzen stößt. Obwohl wir noch nie so viele Daten zur Verfügung hatten wie heute, wird die unternehmerische Zukunft immer undurchsichtiger. Wirtschaft und Gesellschaft durcheilen Änderungen ungeheuren Ausmaßes. Unternehmensziele, Führungskräfte, Organisationsstrukturen, Produkte, Werte und Normen, die in der Vergangenheit erfolgreich waren, können in Zukunft sogar hinderlich sein. Brisante Spannungsfelder, innerbetriebliche Konfrontationen, Krisen, Widersprüche, Globalisierung u. a. bergen hingegen nicht selten die Chance einer fruchtbaren Flexibilität und schöpferischen Weiterentwicklung.

Wirksam führen und in komplexen Situationen entscheiden, meint, von der «Macher-Rolle» Abstand zu nehmen, um sich auf den Gesamtzusammenhang zu konzentrieren. Und doch laufen viele Gefahr, im Detail zu ertrinken, statt das Ganze zu pflegen.

Managementliteratur sprüht über vor neuen Konzepten. Mal ist es das «Management by ...», mal die Helikopterfähigkeit des erfolgreichen Managers, mal die biokybernetische Betrachtungsweise oder schlichtweg der Abbau von Arbeitsplätzen, um die Kosten zu reduzieren. Alles bedeutet aber:

Belastung, Verzicht, Ungewißheit, Risiko und Streß. **Man kann sich auf nichts mehr verlassen!**

Management der «ortlosen Welt»

Unternehmen werden wie Amöben. Sie verändern ihre Form und Größe ständig, und **zunehmend geschieht alles überall gleichzeitig:** Ort und Zeit verlieren an Bedeutung. Während der einzelne sich in einer **ortlosen** Welt zurechtfinden muß, bricht die «kühne, neue Welt» in ein neues Zeitalter auf.

Wie kann ich mich genügend informieren, um verantwortungsvoll und bewußt entscheiden zu können, fragen die einen und sehen sich mit einer Komplexität konfrontiert, die unüberschaubar ist und bleibt. Ein Beispiel hierfür ist das Erlernen des Schnellaufs, das bis zum Alter von 16 Jahren mehr als 10^{12} **Informationen miteinander verknüpft,** von denen jeweils nur **20 bewußt und gezielt beeinflußbar sind.**

Was muß ich machen, um eine «richtige», d. h. wohl durchdachte Entscheidung treffen zu können, fragen die anderen. Sie werden sich mit dem Faktum abfinden müssen, daß **jede** spezifische Entscheidung / **Lösung mehr als** 10^9 **Neben-, Streuwirkungen hat.**

Streßgeplagte Menschen suchen derweil nach noch mehr Informationen, um, wie sie hoffen, «richtig» zu entscheiden. Hierdurch geraten sie noch mehr unter Streß. Sie werden zu Verbrauchern von Anti-Streß-Programmen – eine Tablette hilft! Sich als streßgeplagter Mensch in der heutigen Zeit zurechtzufinden heißt aber nicht, Verbraucher von Anti-Streß-Programmen werden, sondern **Gebraucher.** Es gibt mittlerweile eine solch breite Palette von Programmen, daß die meisten gar nicht mehr durchblicken oder gar nicht mehr wissen, woran sie sich orientieren sollen. Also, wenn gebrauchen – wie kann das geschehen?

Anleitung zur Verunsicherung

Die Bioenergetik reiht sich ein in diese Palette blumiger Programme. Sie hebt sich aber durch drei Aspekte, die einen wesentlichen Unterschied machen, hervor:

- Die Bioenergetik bezieht sich unmittelbar auf das **persönliche Erleben** jedes einzelnen und nimmt dieses zum **Maßstab**. Es gibt keine allgemeingültigen Wirksamkeitskriterien, denn der einzelne bestimmt durch sein Erleben und durch seine **Selbsteinschätzung** Plan und Verlauf des Bioenergetik-Trainings.
- Die Bioenergetik – und das ist einzigartig – verknüpft ein **Verstehensmodell** mit einem **Handlungsmodell**, das auf der lebensgeschichtlichen Prägung des Körpers, des persönlichen Streß-Profils aufbaut. Streß-Erleben, Streß-Profil, Streß-Geschehen und Streß-Management werden so zu einem Guß!
- Die Bioenergetik stellt eine «**Anleitung zur Verunsicherung**» dar. Verunsicherung ist in der heutigen Zeit Wirklichkeit. Sich in unsicheren Prozessen bewegen zu lernen, ist ein unabdingbares Erfordernis, um zu überleben, sich zu entwickeln und innovativ die Welt zu gestalten. Gleichzeitig entspricht das Konzept der «Anleitung zur Verunsicherung» der Wirkungsweise des menschlichen Gehirns, das immer wieder in einen labilen Zustand geht, um funktionieren zu können. – Warum soll es dann im Management anders sein!

Völlig fertig!

«Ein Unternehmen ist so gesund wie seine Mitarbeiter» – so die Pharma-Werbung. Es geht um anregende Arbeitsbedingungen, um die Kompetenz zu gesundheitsförderndem Verhalten, um qualifizierte und motivierte MitarbeiterInnen. Sie sollen das physische und psychische Wohlbefinden miteinander verbinden, um den unternehmerischen Erfolg zu gestalten. Moderne Managementkonzepte sollen dazu beitragen, die Selbst-Managementfähigkeiten im Umgang mit der eigenen Gesundheit zu unterstützen.

Viele Menschen auf diesem Weg sind sichtlich bemüht und durchlaufen ein Anti-Streß-Programm. Sie beklagen sich aber weiterhin über die «Spannung zwischen den Menschen», das Gefühl, «Ich werde butterweich», oder «beißen weiter die Zähne aufeinander, um durchzuhalten» oder ballen die Faust in der Tasche, wenn sie ihrem Chef gegenübersitzen.

Jeder weiß davon. Jeder erlebt es in seinem Kollegen- und Freundeskreis. Jeder beklagt den Streß, aber wehe, es hat einen selbst erwischt. Dann wird dicht gemacht! «Ich kenne keine ärmeren Menschen vor Gott als die Manager in meinen Kursen» – so der Jesuitenprofessor und Managementberater Rupert Lay.

Politiker, Spitzensportler, Manager sind, wenn man sie privat befragt: **völlig fertig!** Völlig fertig im betrieblichen Spannungsfeld.

Man macht es sich leicht, die Manager an die «einsame Spitze» zu schicken. Sie müssen mit Macht und Autorität jonglieren, gleichzeitig den Verlockungen von Selbstherrlichkeit, Arroganz und Durchsetzung des Ego standhalten, Besserwisserei und Bevormundung bei ihren Mitarbeitern reduzieren, bei Sachkenntnis kühle Distanz und Unpersönlichkeit demonstrieren, damit die Beziehungskultur in der Firma nicht zu emotional wird und und und …

Aber: Gefühle sind einzigartige, häufig unwillkürlich entstehende und von außen nur sehr eingeschränkt kontrollierbare seelische Zustände – so ein Soziologe. Sie sind gleichzeitig gesellschaftlich normiert. Fühlen heißt für einen Manager wie für einen Politiker, gesellschaftlichen Vorstellungen der Angemessenheit von Gefühlen ausgesetzt zu sein. Fühlen heißt, den Erwartungen unserer Interaktionspartner, der Bezugsgruppe gerecht zu werden, vor allem dann, wenn uns die anderen zu verstehen geben, daß wir emotional «gepatzt» haben.

Was ist Bioenergetik?

Die Bioenergetik befaßt sich eingehend mit der Gefühlswelt, der verkörperten Gefühlswelt, mit der lebensgeschichtlichen Prägung dieses Geschehens und mit der Beeinflussung dieser Gefühlswelt. Sie geht von dem Konzept aus, daß der **geistige Bereich und der physische Bereich eine Quelle** haben und daß beide Bereiche im Zusammenspiel miteinander auf dem Boden der lebensgeschichtlichen Entwicklung des einzelnen eine **ganz bestimmte Persönlichkeit** herausbilden.

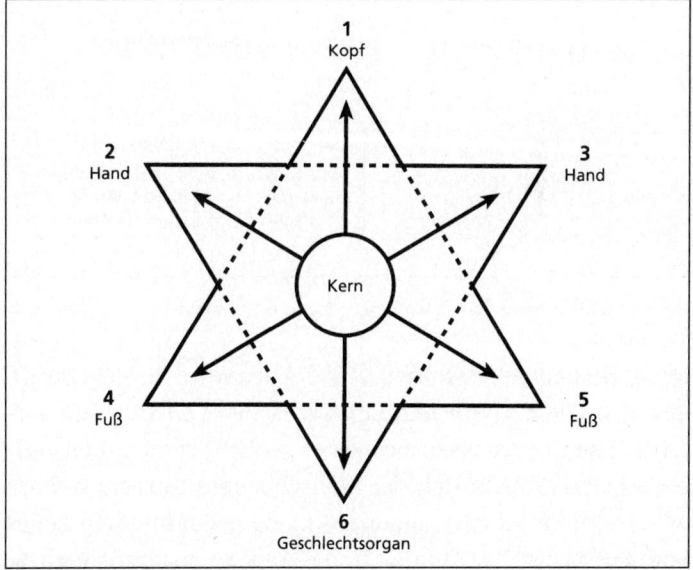

Quelle Lowen, «Bioenergetik»

Das energetische Konzept der Bioenergetik versteht den Menschen als ein «Energiereservoir», das in Kontakt mit der Umwelt tritt (Abb. 3). Hände, Füße, Kopf und Geschlechtsorgane stellen die zentralen Kontaktpunkte mit der Welt dar. Die Art und Weise, wie die Persönlichkeit mit der Welt in Kontakt tritt, gestaltet sich über die Beziehung zur Mutter. Das Erleben und die Verkörperung der Persönlichkeit und die hiermit verbundene individuelle Art der Beziehungsgestaltung wirken in das Leben des erwachsenen Menschen hinein. Das Verhältnis von Konflikt und Konfliktlösung, von Spannung und Entspannung gestaltet sich bei jedem von uns individuell. Es lassen sich jedoch vier Modalitäten herauskristallisieren.

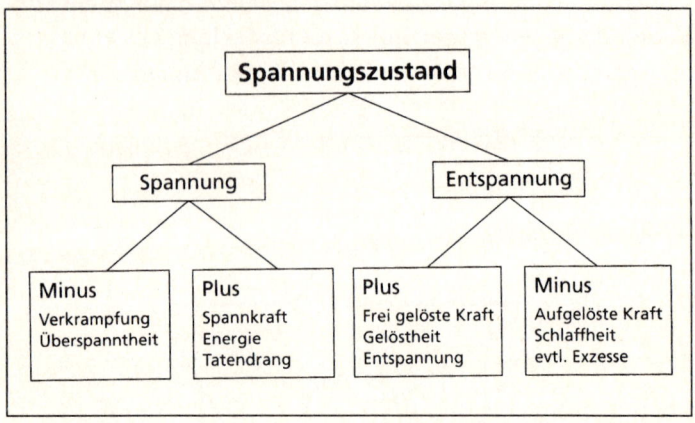

Positive und negative Folgen von Spannung und Entspannung

In der Bioenergetik zählt nicht allein das Wort! Sie geht davon aus, daß alle körperlichen und seelischen Vorgänge nur verschiedene Ausdrucksformen eines einheitlichen Lebensprozesses sind. Sobald sich der Mensch seines Körpers bewußt wird, mit ihm arbeitet, ihn aktiv erlebt, gewinnt er ein neues Verhältnis zu sich selbst und findet Wege zu Ausgeglichenheit, Wohlbefinden, Vitalität und Schaffenskraft.

Die Bioenergetik befaßt sich praktisch mit:

- der Wechselwirkung von Körper-Seele-Geist
- dem körperlichen Ausdruck und der körperlichen Befindlichkeit auf dem Hintergrund lebensgeschichtlicher Erfahrung
- der Diagnose der persönlichen Streßhaltung und dem neuen Umgang mit Belastung und Streß im Alltag
- dem Erleben und Verstehen der Signale / Botschaften des Körpers (Körpersprache)
- der Erweiterung der körperlichen Kompetenz durch die Einflußnahme auf den Wechsel von Anspannung und Entspannung
- dem Vertrautwerden mit der Selbstregulierung körpereigener Prozesse und autonomer Körperreaktionen sowie der Erhöhung der persönlichen und körperlichen Widerstandskraft (Anleitung zur Verunsicherung)
- der eigenen Übung im Wechsel von Selbstdiagnose und bioenergetischer Übungspraxis zu Hause
- der Kräftigung der Verantwortung für die eigene Gesundheit im Sinne der Wahrung der persönlichen Grenze der Belastbarkeit (Streßbefähigung)

Bioenergetik meint dreierlei: Körper-Selbst-Erfahrung, Streßbewältigung als Anleitung zur Abgrenzung und Anleitung zur Verunsicherung sowie Körpersprache im / als Dialog. Gerade die Körpersprache macht einen zentralen Bereich der persönlichen Erfahrung im kommunikativen Geschehen und der menschlichen Entwicklung überhaupt aus. Sie wirkt dabei wie ein bewußt nicht steuerbares Zusammenspiel von allgemeinen menschlichen Wesensmerkmalen und persönlichen Besonderheiten.

Körpersprache im Dialog bereichert immer Ausdruck, Darstellung und Dialog zwischen zwei Körpern, zwischen lebendigen Menschen. Sie klingt wie eine Muttersprache – die verlernt wurde. Wie ein Dialekt, den nur noch wenige sprechen und verstehen. Und doch spiegelt sie sich geheimnisvoll in jedem Atemzug unseres Lebens, in jedem wechselseitigen Blick, in jedem Schritt und in jedem Gespräch.

Auf der Bühne des inneren Theaters

«Bioenergetik – Gymnastik für die Seele» möchte einladen, sich auf die Bühne des inneren Theaters zu begeben. Hieß es nach dem Zweiten Weltkrieg «Hurra, wir leben noch!» und war dies damals der Motor für den Wiederaufbau, so könnte es heute ebenso heißen: «Hurra, wir leben noch!» Nur ist heute das Individuum selbst gemeint, wenn es spürt, daß es sich als Persönlichkeit inszenieren lernt. Sich selbst auf der eigenen Bühne willkommen zu heißen, kann den Vorhang zu einer Komödie, einer Tragödie oder einem grandiosen Schauspiel der eigenen Teilpersönlichkeit öffnen. Hierdurch kann in der heutigen Zeit eine wichtige Schubkraft entstehen, um in der Informationsgesellschaft und in der um sich greifenden Globalisierung seinen Platz zu finden. Fordert nicht gerade die Informationsgesellschaft zur «rasenden Bewegungslosigkeit» auf, so muß die Überzeugung des Architekten und Pädagogen Hugo Kükelhaus – «jede sinnliche Wahrnehmung ist ein Erkennen» – wie ein Faustschlag ins Gesicht aufgeschlossener dynamischer Menschen sein. Wen wundert's, daß Ausstellungen wie «Touch me» zum Berühren auffordern, um den Tastsinn aus seinem Dornröschenschlaf zu erwecken. An den Löchern in den Ausstellungswänden im Museum Basel drängeln sich die Ausstellungsbesucher, stecken, als könnten sie es kaum erwarten, die Hand, den Unterarm, manchmal die **ganze Extremität** in das Ungewisse. **Sie wollen fühlen, sie wollen das Kribbeln der Ungewißheit spüren.**

«Hier wird Heimliches öffentlich und in seiner Öffentlichkeit unheimlich, ja obszön» – so «Die Zeit». «Gymnastik für die Seele» meint «Gymnastik einmal anders», nämlich Entfaltung der Sinne und Erleben des Körpers. Letzteres hat in Form von Körperkapital im Spitzensport Divisionen von perfekten Menschen beflügelt: Der moderne Maschinenathlet lebt für die mediale Vermarktung, für den ökonomischen Erfolg, um aber wie ein Matador als Held im Stadion zu sterben.

Es gibt keine Sicherheiten

«Krank durch Streß» heißt es im «Handelsblatt». Es wird eine Untersuchung zitiert, die folgendes belegt: US-Unternehmen, die seit 1990 verstärkt Stellen abgebaut haben, sind seitdem eher von Krankmeldungen ihrer Beschäftigten betroffen als Unternehmen, die auf Stellenabbau verzichteten, so das «Wall Street Journal».

Es ist kein Verlaß auf den Erfolg des unternehmerischen Konzepts «Kostenreduktion durch Abbau von Arbeitsplätzen!» Es gibt keine Sicherheiten mehr im medizinischen Bild vom menschlichen Körper im Verständnis von Krankheit und Gesundheit. Je weiter die medizinische Forschung voranschreitet, desto undeutlicher werden die komplexen Wirkungszusammenhänge. Hormone als Treibsatz unseres Lebens beispielsweise sind bislang nur in ihrer Vermittlerfunktion enträtselt, ohne daß man im einzelnen das Zusammenspiel im menschlichen Organismus erkannt hat. Und je mehr man forscht – desto mehr neue Fragen tun sich auf!

Lachen ist das beste Programm

Persönlichkeitsentwicklung ist angesagt. Man wird zum Seminar geschickt. Man will seinen Willen herausfordern. Man folgt dem Atem als dem Königsweg der Selbsterfahrung, oder man will im Konfliktmanagement gewinnen statt besiegen.

Vielfach münden diese Seminare in eine Demonstration für die Kraft des Geistes, die Entwicklung eines vielversprechenden Mentalprogramms, das sich nicht selten als esoterische Technik entlarvt.

Die Bioenergetik ist keine neue «**Management by ...**»-**Variation**. Sie ist eine Einladung, sich in einen Körper-Selbst-Erfahrungs-Prozeß zu begeben, um Leben als lebendiges Leben am eigenen Leibe zu erleben. Denn: für viele findet das Leben nicht statt. Sie funktionieren, sie haben Ziele und wollen diese erreichen.

So wie ein Flirt mitten ins Herz treffen soll, will die Bioenergetik eine Kunst sein, einen anderen Menschen und sich selbst zu verführen. Zu verführen, um mit dem persönlichen Ausdruck, der passenden Geste über das Erleben von Sympathie und Antipathie im Kontakt mit dem anderen Menschen zu entscheiden.

Zu flirten ist gewiß ein spannendes Unterfangen, reizvoll und lockend, aber auch eine Reise durch das Wildwasser der Täuschung. Sich gerade in diesen unsichern Prozeß zu wagen, sich zu behaupten und zu verwirklichen zu lernen, ist Aufgabe der Bioenergetik.

Ich möchte Sie also mit dem Konzept der Bioenergetik, meiner Vorstellung von Streßbewältigung als Anleitung zur **Verunsicherung** und mit der Körpersprache im / als Dialog vertraut machen. Nehmen Sie meine Ausführungen als eine **Einladung**, sich mit sich selbst, Ihrem Körper, Ihrer Lebenserfahrung und Ihrem aktuellen Beziehungsalltag zu befassen. **Nehmen Sie es als Chance der Selbst-Erkenntnis und nicht als Patentrezept.**

«Das Elend der Menschen» – so Peter Sloterdijk – «besteht nicht so sehr in seinem Leiden als in seiner **Unfähigkeit**, selber an ihm schuld zu sein» – **selber schuld sein zu wollen.** Der Wille zum Selber-schuld-sein meint aber keine moralische Selbstgeißelung, sondern Mut und Gelassenheit zur Übernahme des eigenen Lebens in seiner spezifischen Realität und der persönlichen Potentialität. **Wer selber schuld sein will, hört auf, nach Schuldigen zu suchen.**

Seien Sie Ihr eigener Coach, so wie ich es in meiner Praxis zu sein versuche. Lassen Sie sich selbst überraschen. Seien Sie neugierig wie ein Kind, und lachen Sie. Lachen ist das beste Mittel des Verständigens und das effektivste Rezept gegen Streß. Seien Sie ein:

- **Grenzgänger** zwischen den Lebenswelten
- **Hofnarr,** der mit Spaß, Witz, Humor und Ironie die Wahrheit sagt, ohne daß sein Gegenüber das Gesicht verliert
- **sozialer Spiegel,** der vertraut ist mit der sozialen Wirklichkeit, den menschlichen Prozessen und den Auswirkungen des eigenen Handelns
- **geheimer Vertrauter,** der Ansprechpartner für das einsame Innere, die unausgesprochenen Gedanken, die aufgewühlten Emotionen und die verletzte innere Persönlichkeit ist
- **Agent der Welt,** der voller Zuversicht die Enge des eigenen Blickwinkels wieder öffnet und die Komplexität und den Reichtum der Welt
- **kommunikativer Berater** und **unmittelbarer Ansprechpartner.**

2 STRESSGESCHEHEN

Das Leben auf der Überholspur

Manager und Politiker haben ebenso Angst wie andere Menschen. Nur ein Drittel dieser beiden Gruppen kommt mit dem Streß im Leben zurecht. Eine Studie der ILO, der Internationalen Arbeitsorganisation der UNO, kommt zu dem Ergebnis, daß zwei Drittel aller Krankheiten auf Streß zurückzuführen sind und daß die Kosten für **streßbedingte Krankheiten** und Ausfälle ca. 10 Prozent des erwirtschafteten Bruttosozialprodukts der Industriestaaten verschlingen. Für Deutschland ist dies die stolze Zahl von **60 Milliarden DM pro Jahr.**

Der Streßpegel ist rapide angewachsen. Das Leben befindet sich auf der Überholspur, um den beiden Verfolgern, nämlich dem chronischen Erschöpfungssyndrom und dem Erleben eigener Unfähigkeit, zu entkommen. Der Organismus ist geschwächt, der Raubbau mit den natürlichen Kraftreserven hat inzwischen dazu geführt, daß die «Yuppie-Grippe», nämlich das chronische Erschöpfungssyndrom, mehr als ein Drittel der Deutschen erfaßt hat.

Die auf **Fun und Fitness** getrimmte «Life-style-generation» will aus dem 24-Stunden-Tag das Maximum herausholen. «Viele fragen sich beispielsweise ernsthaft, kann ich es mir leisten, anzuhalten, um einem Sonnenuntergang zuzuschauen», so eine Unternehmensberaterin. Und «Millionen sehnen sich heute nach Unsterblichkeit, aber sie wissen nicht, was sie mit sich selbst an einem verregneten Sonntagnachmittag anfangen sollen», so eine britische Kolumnistin. Die «Kunst des

Müßiggangs» gilt den meisten noch als Fremdwort. Trotz Wertewandels der letzten Jahre ist die produktivitätsorientierte protestantische Arbeits- und Lebensethik den meisten Menschen noch immer heilig.

Streß macht ...

Die Horrorvisionen der sechziger Jahre werden Wirklichkeit. **Streß macht krank.** Die Herpesviren an der Lippe blühen. Die Erkältung läßt nicht lange auf sich warten. Herzbeschwerden, Schlafstörungen, Reizung der Magenschleimhäute gehen auf das Streßkonto.

Streß erschöpft. Man denke nur an den zerstreuten Professor, der die einfachsten Dinge vergißt und unsicher nach seiner Brille sucht, die er auf der Nase hat. Dauerstreß stört offensichtlich die normalen Gehirnfunktionen, schwächt das Kurzzeitgedächtnis und die Konzentrationsfähigkeit. Kommt es zu Fehlern, wird Wichtiges nicht mehr zur Großhirnrinde und somit ins Bewußtsein gebracht, und Unwichtiges kann nicht ausgeblendet werden. Überlastete Kollegen werden unzuverlässig und vergeßlich oder durch die berühmte Fliege an der Wand gereizt.

Streß macht alt. Gestreßte junge Ratten, so die Labortests, altern schneller. Kognitive Fähigkeiten, Erinnern und Gedächtnis sind in Mitleidenschaft gezogen, während Erschöpfungssyndrome und Depression im Hintergrund lauern.

Aber nicht nur das. **Streß hinterläßt Narben im Hormonsystem.** Wenn die Psychologie von einer frühkindlichen Prägung spricht, wenn die Medizin von einer psychosomatischen Erkrankung spricht, gibt es jetzt eine materielle Grundlage in Form einer «molekularen Erinnerungsspur». Gerade dies ist ein Beleg dafür, daß das bioenergetische Persönlichkeitsmodell nicht nur plausibel ist, sondern dem komplexen Zusammenspiel der unterschiedlichen kybernetischen Systeme entspricht. Streß löst, wenn er nach kurzer Zeit nicht abklingt, eine latente Entzündung im Gehirn aus, die bei chronischer Entzündlichkeit die Nervenzellen schädigen kann. Dies stellt einen radikalen Eingriff in die Hirnstruktur und die Tätigkeit des Gehirns dar. Frühkindlicher Streß, Traumatisierungen, starke Versagungen u. a. destabilisieren das Gleichgewicht der Systeme im Körperinneren; Auswirkungen im späteren Lebensalter sind dann Erkrankung der Organe, Reizbarkeit, Nervosität, Anfälligkeit für Erschöpfung. Vielen ergeht es dann so, daß sie allein beim Anblick eines Konkurrenten, wie der Tierversuch zeigt, unter Streß kommen. Der Hormonspiegel steigt, die Nerventätigkeit ist aktiviert, aber die zunehmende Erschöpfung führt in das Erleben von Depression: «Ich kann ja sowieso nichts machen»; «es wird sich sowieso nichts ändern».

Das Streßgeschehen

Die empirische Streßforschung der vergangenen Jahre belegt eindeutig das bemerkenswerte Zusammenspiel zwischen Persönlichkeit und Streßerleben. Führungskräfte, Politiker, Spitzensportler sehen sich heute mehr denn je vielerlei Belastungssituationen ausgesetzt, denken Sie z. B. an die technologische Entwicklung, die Globalisierung, die rasante Informationsflut. Sie erleben sich dabei vielfach als Opfer der gesellschaftlichen und ökonomischen Entwicklung. Streßreaktionen werden als notwendiges Übel in Kauf genommen, Streßauslöser kritisiert, unangenehme Streßsymptome wie Kopfschmerz, Herzrasen, Schlaflosigkeit u. a. medikamentös weggeschoben. Beim Versuch, die Arbeitsfähigkeit zu erhalten, die persönliche Zufriedenheit wiederherzustellen und den komplexen Entwicklungen gerecht zu werden, täuscht

man sich jedoch über besagtes Zusammenspiel von Persönlichkeit, Streßerleben und Rahmenbedingungen:

- Die Arbeitsbedingungen werden zur wesentlichen Pro-
blemursache erklärt.
- Die medikamentöse Behandlung glättet nur oberflächlich.
- Die eigene Persönlichkeit wird primär als Opfer im Streßgeschehen erlebt.

Der kontinuierliche Handlungs- und Wandlungsprozeß verlangt aber erhöhte Kreativität, Initiative, Motivation, Durch-
setzungsfähigkeit, Begeisterung, Zufriedenheit. Allen Beteiligten werden daher verstärkt Energien abverlangt, das jeweilige
Streßgeschehen, die Spannungszyklen und komplexen Bezie-
hungsgeflechte handzuhaben. Dies erfordert:

- **Sachkompetenz** bezogen auf die Arbeitsbelange
- **Gesundheitskompetenz** bezogen auf die eigene Person
und die betriebliche Beziehungskultur
- **Streßkompetenz** bezogen auf das jeweilige Streßgeschehen
und das eigene Streßprofil
- und die Fähigkeit, **Lust und Freude** zu empfinden.

Dies erfordert sowohl einen hohen persönlichen Einsatz im
jeweiligen Spannungsfeld als auch eine gründliche **Reflektion
des eigenen Streßprofils**. Letzteres ist die persönliche Art jedes einzelnen, Streß zu erleben, Streß zu verarbeiten, sich
Stressoren auszusetzen. Die innere Streßhaltung, die durch
die lebensgeschichtliche Erfahrung geprägt ist, wird unter bestimmten Bedingungen unbewußt reaktiviert.

Lassen Sie mich kurz näher auf das Streßgeschehen eingehen, auf die grundlegenden Prozesse im Menschen, denen er
unter belastenden Bedingungen ausgesetzt sein kann oder die
durch bestimmte Emotionen und Verarbeitung von Erlebnis-
sen geweckt bzw. überhaupt erst hergestellt werden.

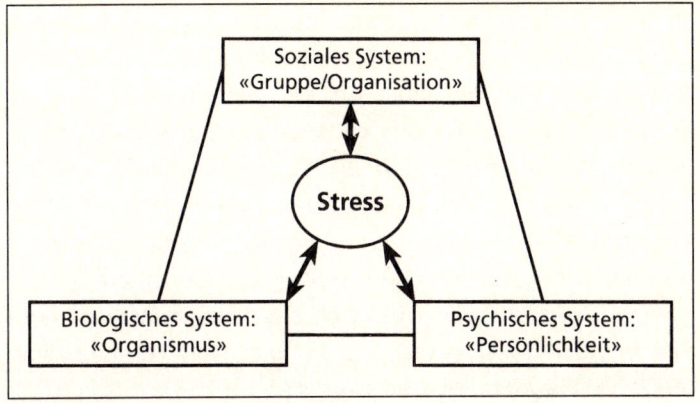

Streß als dreifaktorielles (biologisches, psychisches und soziales) Geschehen

Die meisten Menschen glauben, Streß entstehe durch Leistungsdruck, Zeitdruck, Rollenkonflikte, zu viele gesellschaftliche Verpflichtungen, Kompetenzprobleme u. a. Das stimmt nicht! Streß liegt nach Meinung der Fachleute nur dann vor, wenn sich eine Person bedroht fühlt, d. h. wenn sie sich Verlust, Bedrohung oder Herausforderung in einer für sie relevanten Situation gegenübersieht und glaubt, mit ihren eigenen Mitteln diese Situation nur schwer oder gar nicht meistern zu können. **Streß ist also immer erlebter Streß und persönlich verarbeiteter Streß.** Anforderungen durch das Umfeld des Managers sind demnach niemals Stressoren an sich, sondern nur, wenn sie als solche empfunden werden, wenn sie die Person oder die Personengruppe betreffen.

»» Eu-Streß, Dis-Streß

Andere sagen, daß, richtig dosiert, Streß sogar positive Seiten haben kann: Er spornt an zu körperlichen und geistigen Höchstleistungen. Er nimmt also nicht nur Kraft, sondern ist auch eine wichtige Quelle für Erfolgserlebnisse, Vitalität, Glücksempfinden und Zufriedenheit. Dieser positive Eu-Streß

steht dem zuvor beschriebenen negativen Dis-Streß gegenüber.

Es ist nicht vorhersehbar, ob ein bestimmtes Ereignis als
Eu- oder als Dis-Streß erlebt wird. Jeder Mensch kann auf die
gleiche Situation und zudem noch zu unterschiedlichen Zeiten höchst unterschiedlich reagieren. Was für den einen ein
normaler Alltag ist, erlebt ein anderer als Belastung. Ein anderer wiederum gerät unter Streß und verliert das innere Gleichgewicht. Heimtückisch wirkt sich das Streßgeschehen dann
aus, wenn der Übergang von der positiven zur negativen
Streßwirkung klein ist und unmerklich überschritten wird.
Aus Begeisterung kann Überforderung werden, aus Liebe
Haß.

Die Streßreaktion, ursprünglich ein Lebensretter, ist sowohl
beim Eu-Streß als auch beim Dis-Streß identisch. Sie dient
dazu, sämtliche Lebensfunktionen, sämtliche physiologischen Prozesse auf ein Bestreben hin auszurichten, nämlich
der Gefahr zu entkommen, sei es durch Flucht oder durch Angriff. Sie ist sozusagen ein natürlicher Überlebensmechanis-
mus. Der Organismus ist nun wach für sein Umfeld und die
verunsichernden oder bedrohlichen Einwirkungen. Dies ver-
setzt ihn in die Lage, sich aktiv mit der Situation optimal aus-
einanderzusetzen. Er kann effektiv handeln, d. h. angreifen
oder fliehen.

Hat der Mensch sein Ziel erreicht, schaltet der Organismus
automatisch wieder auf Ruhe und Erholung um (Kreislauf-,
Stoffwechsel-, Wahrnehmungs- und Denkfunktionen). Den
meisten Menschen wird erst im Anschluß an die Streßreaktion
in der Phase der Erholung richtig bewußt, was sie zuvor gelei-
stet haben. Der Mensch hat es geschafft, dem Streß zu entkommen. Er ist zwar erschöpft und müde, aber auch glücklich
und zufrieden.

Falsch programmiert

Sie bekommen einen Anruf: Ihr Chef will Sie dringend in
seinem Zimmer sprechen, was bisher noch nie vorge-
kommen ist. Und prompt beginnt Ihre Streßreaktion an-
zulaufen. Ihre Gedanken überschlagen sich: Sie überlegen verzweifelt, was Sie wohl falsch gemacht haben
könnten. Vielleicht will er Ihnen sogar eine Entlassung
mitteilen. Ihr Herz klopft. Sie haben ein flaues Gefühl im
Magen und feuchte Hände, als Sie vor der Tür Ihres Chefs
stehen. Wenn er Sie nun – entgegen all Ihren Befürchtun-
gen und Erwartungen – freundlich begrüßt und Ihnen
sagt, wie sehr er mit Ihrer Arbeit zufrieden ist, kann es
passieren, daß Sie gerade dies als Anlaß werten, ihm
noch mehr zu mißtrauen. Statt über sich selbst zu
lächeln und mit sich selbst zufrieden zu sein, um beim
nächsten Anruf des Chefs anders reagieren zu können.

Falsch programmiert meint dann viererlei:

- Erleben einer diffusen, unbegründeten Angst, wenn
  Ihr Chef Sie telefonisch bittet, in sein Büro zu kommen. («Was will der denn auf einmal von mir?»)

- Ein unbegründetes Mißtrauen, wenn Sie Ihren
  freundlichen Chef, der Sie lobt, vor sich sehen. («Was
  führt der denn im Schilde?»)

- Das unter Umständen hieraus resultierende unbewußte Reaktionsverhalten, Gerüchte über den Chef
  in die Welt zu setzen. («Das muß ich unbedingt
  Herrn X erzählen.»)

- Eine Überaktivität, um sich beim Chef in ein gutes
  Licht zu setzen. («Vielleicht kann ich es ja wiedergut-
  machen.»)

Falsch programmiert ist dann Ausdruck von persönlichen Erlebniskaskaden, da durch das Klingeln des Telefons «alte» Gefühle und Erfahrungen mobilisiert werden. Falsch programmiert beeinträchtigt dann die Wahrnehmung und gibt dem eigenen inneren Glaubenssystem Vorrang vor der realistischen Einschätzung der eigentlichen Situation. Falsch programmiert schafft schließlich Anlässe, die von anderen wie ein glaubwürdiger Beweis angenommen werden.

Der Kreis schließt sich: Chefs kann man sowieso nicht vertrauen, und Sie werden, ohne daß Sie es merken, Opfer Ihrer eigenen sich selbst erfüllenden Prophezeiung.

»» Anders als in der Steinzeit ...

War es in der Steinzeit noch eher möglich, schnell zwischen Angriff und Flucht zu entscheiden, um die eigene Haut zu retten, ist dies im Lauf der Zivilisation komplexer und dadurch schwieriger geworden. Die menschliche Entwicklung kann etwa so skizziert werden: Ein Kind wird in einen gesellschaftlichen Zusammenhang hineingeboren. Es bringt eine körperlich-energetische Grundausstattung mit. Die zunächst noch diffusen körperlichen Empfindungen des Kindes, die basalen Affekte, werden im Verlauf der frühen Eltern-Kind-Beziehung zu Gefühlen, Vorstellungen, Gedanken und Verhalten ausgeprägt. Diese Beziehung ist ein Dialog zwischen den körperlichen Äußerungen des Kindes und der Antwort durch die Eltern. Hierdurch kommt es zur Gestaltung bestimmter Verhaltensmuster, zu Entwicklung und Differenzierung, inneren Bildern, kognitiven Vorstellungen, Gefühlen und zur spezifischen funktionalen Ausprägung des Körpers. Diese äußert sich in der Körperhaltung, der Bewegung, der Mimik, der Stimme, der Atmung, der Art der Verdauung usw.

«Körperhaltung und Persönlichkeitsstruktur» stimmen dabei funktionell überein.

Jeder äußere Streß (Stressor) verursacht einen körperlichen Spannungszustand (Angst), der bei Streßbeendigung in der Regel wieder abklingt. Nun ist es aber häufig so, daß der Mensch durch seine Lebenserfahrung in einem chronischen unbewußten Spannungszustand verbleibt, auch wenn die ursächliche Belastung (Stressor) vorbei ist. Entscheidend ist in diesem Fall, daß der Mensch die Situation individuell begreift, einschätzt und mit der Bewältigung der Lage nicht fertig wird.

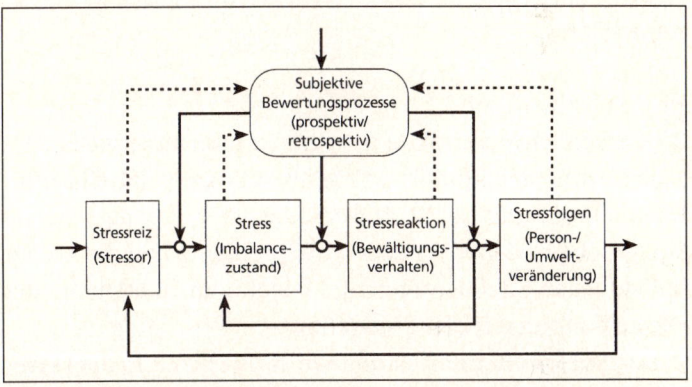

Grundstruktur des psychologischen Streßkonzepts: Streßsequenz mit «aufgeschalteten» subjektiven Bewertungsprozessen (Quelle: Nietsch, «Stress»)

Die Streßsituation ruft bei ihm Angstreaktionen und Verspannungen hervor, die sich dann in einem Zusammenwirken von muskulären Spannungen, unbewußten körperlichen Angewohnheiten, einem erhöhten Angstpegel und einem eingeschränkten Handlungsspielraum ausdrücken. Man kann dabei das Beibehalten des inneren, chronischen Spannungszustandes (**Eigenschaftsangst**) nur lebensgeschichtlich verstehen.

Wie gesagt, das Leben prägt den Körper, und der Körper

prägt die Persönlichkeit. Die lebensgeschichtliche Vielfalt der individuellen Erfahrungen und die Verschiedenartigkeit der dabei entstandenen Verspannungsmuster im Körper finden in der Persönlichkeitsstruktur des Menschen ihren psychischen Ausdruck. Sie entspricht als psychologische Komponente der Form und Beweglichkeit des Körpers und ist funktionell identisch mit diesem. Sie ist allen späteren Veränderungen und Einflüssen von außen gegenüber sehr widerstandsfähig. Sie gibt wiederum dem Erleben, dem Planen, dem Handeln des Menschen im Alltag eine spezielle, einzigartige Ausrichtung. Ist der Mensch sich hierüber nicht bewußt, (re-)**produziert er seinen Streß.**

»» Streßprofil und Streßkompetenz

Die Persönlichkeitsstruktur geht einher mit einer jeweils typischen Form der Konflikt- / Krisenbewältigung (**Streßprofil**). Dieses Profil gibt somit Aufschlüsse über das persönliche Streßerleben, wiederkehrende Streßprobleme und die Art der individuellen Streßbewältigung (Talent zum Überleben oder Vermeiden von weiterer Frustration).

Das Streßprofil ist oft Einflüssen von außen und dem eigenen Veränderungsbemühen gegenüber sehr widerstandsfähig. Streßmanagement als Einflußnahme auf die Lebensumstände, als Verbesserung der Gesundheit und als Befähigung zu Freude und Lust befaßt sich mit dem Spannungsgefüge zwischen dem Streßprofil und dem umgebenden Streßgeschehen mit dem Ziel: Das bewußte Streßerleben zu fördern, Transparenz über die vielschichtigen Wechselwirkungen zwischen Rahmenbedingungen und Persönlichkeit zu erlangen und die persönliche Streßbefähigung zu kräftigen (**Streßkompetenz**).

Streßbefähigung ist daher immer persönliche Streßdiagnostik **und** Intervention **und** neuer Handlungsentwurf. Die Analyse des Streßprofils zielt dabei unter anderem ab auf das Konflikt- und Belastungsverhalten, typische Erlebnisformen, persönliche Lebenseinstellungen, innere Haltung im Beziehungsgefüge, psychophysische Vorgänge, Streßreaktionen u. a.

Ich möchte Ihnen in diesem Buch ein Modell von typischen Streßprofilen und deren lebensgeschichtlicher Prägung zur Orientierung vorstellen. Dieses Modell kann der Einschätzung der eigenen Persönlichkeitsstruktur dienen sowie dem Wiedererkennen von persönlichen Momenten in einem Streßgeschehen am Arbeitsplatz. Es verdeutlicht die jeweils persönliche Gewichtung von Problemanteilen / Schwächen und persönlichen Talenten / Stärken. Dieses Modell basiert auf dem Persönlichkeitsmodell der Bioenergetischen Analyse, das auf dem Hintergrund der psychoanalytischen Forschung und Praxis durch Alexander Lowen weiterentwickelt und präzisiert wurde (siehe Kapitel 5).

Energie und Persönlichkeit

Der Körperausdruck zeigt, wie jemand in der Welt steht, auf seine Lebensumstände reagiert und seine **Persönlichkeit** ausgeformt hat. Dort, wo chronische unbewältigte Angst statt Aufgeschlossenheit das Leben jedes einzelnen bestimmt hat, findet man muskuläre Verhärtungen, eingeschränkte Atmung und sonstige «Blockierungen», «Panzerungen» des Organismus. Der «Muskelpanzer» (Wilhelm Reich) ist gleichsam Schutz vor bedrohlichen, schmerzhaften, emotionalen Leben. Er ist **Ausdruck der Vergangenheit** und **Regulativ für die Zukunft!**

Wenn die angstbesetzte Situation im Lauf der Lebenserfahrung nicht (auf-)gelöst und das Erleben verdrängt wird, bleibt in der Regel die körperliche Verhärtung bestehen und verhindert eine Wiederholung derartiger Beziehungssituationen. Die Person dämmt sich selbst ein und verringert somit die Möglichkeit, sich der Vielfalt des Lebens zu öffnen, Lebensfreude zu empfinden und sich (weiter) zu entwickeln. Eng mit der Persönlichkeitsbildung sind spezifische **Illusionen** verbunden: Wenn man die bedrohliche Wirklichkeit nicht ändern kann, flüchtet man sich in diese Illusionen, um nicht in tiefere Verzweiflung zu geraten. Man ist in seiner Verzweiflung bereit, auf Lebendigkeit und Veränderung zu verzichten. Man hofft, die Illusion werde die Verzweiflung und den (ewigen) Verzicht beenden, nicht spürbar machen. Diese Illusionen sind ebenfalls im Körperausdruck zu erkennen.

In der Persönlichkeitsstruktur werden zentrale **lebensgeschichtliche Konflikte** gewissermaßen «konserviert». Vielfach gibt es weder ein Zurück noch ein Vorwärtskommen. Körperlich wird dabei viel Energie gebunden, wodurch das Angstpotential noch erhöht wird. Und der Kreislauf schließt sich.

»» Atmung und Muskelgeschehen

Die Bioenergetische Analyse ist ein Weg, die Persönlichkeit vom Körper und seinen energetischen Prozessen her zu verstehen. Diese Prozesse, d. h. die Energieproduktion durch Atmung, Stoffwechsel und ihre Entladung durch Bewegung und Sexualität, sind die grundlegenden Vorgänge des Lebens. Wieviel Energie man hat und wie man sie gebraucht, bestimmt die Art, wie man auf Lebenssituationen antwortet. Je mehr Energie man in Bewegung und Ausdruck umsetzen kann, desto besser kann man mit den verschiedenen Situationen umgehen.

Der Körper bildet sich energetisch im Verlauf der Lebensgeschichte. Seine jeweilige Form und Ausdruck sind Quelle der lebensgeschichtlichen Lebendigkeit. Die Atmung spielt dabei als Schlüssel zum Energiestoffwechsel des Körpers eine zen-

trale Rolle. Sie ist eng mit dem Muskelgeschehen und dem Gefühl des Menschen verknüpft.

Die Atmung ist zu einem großen Teil eine Muskeltätigkeit.
Eine Änderung der Atmung drückt sich also auch in einer anderen Muskeltätigkeit aus und umgekehrt. Atmung und Muskelgeschehen gehören zur physiologischen Grundausstattung
des Menschen. Sie erfahren als energetische Faktoren ihre jeweilige Ausprägung und individuelle Funktion im lebensgeschichtlichen Entwicklungsprozeß.

Atmung und Muskelgeschehen als energetische Erregung
sind nie statisch. Sie sind auf eine komplizierte Art und Weise
mit dem Gefühl von Empfindsamkeit und Lebendigkeit des
einzelnen Menschen verknüpft.

»» Persönlichkeitsstruktur

Die lebensgeschichtliche Vielfalt, die individuellen Erfahrungen und die Verschiedenartigkeit der entstandenen Verspan-
nungs- und Blockierungsmuster im Körper finden in der **Persönlichkeitsstruktur** ihren psychischen Ausdruck. Sie
entspricht als psychologische Komponente der Gestalt des
Körpers. So kann z. B. die starre, «eingefrorene» Körperhaltung Ausdruck frühkindlicher Mangelerlebnisse, Versagungen
und Frustrationen sein und psychischen Verdrängungen und
Abspaltungen entsprechen, die die Beweglichkeit und Erreg-
barkeit des Körpers einschränken. Hierdurch werden neue
emotionale Probleme, die mit den Anforderungen des erwachsenen Lebens in Konflikt stehen, mitverursacht. Organismische Regungen und äußere Realität treten immer mehr
in einen Widerstreit miteinander. Die **Bioenergetische Analyse** nach Alexander Lowen ist also eine Methode, ein Konzept, um folgendes zu erreichen:

1. Die Persönlichkeit im Zusammenhang mit dem Körper zu
   verstehen und umgekehrt.

2. Alle Funktionen der Persönlichkeit durch Mobilisierung der Energie zu verbessern, die durch muskuläre Verhärtungen und sonstige physiologische Blockierungen gebunden ist.
3. Die individuelle Arbeits- und Leistungsfähigkeit auf die konkreten Anforderungen abzustimmen.
4. Die individuelle Kapazität zu erhöhen, Spaß und Lebensfreude zu erleben.

»» Verspannung und Emotion

Jeder physiologische Ausdruck des Körpers hat eine Bedeutung. Die Qualität des Händedrucks, die Haltung des Körpers, die Art der Atmung, der Bewegung usw. Wenn dieser Ausdruck fixiert und zur Lebenseinstellung geworden ist, erzählt er die Geschichte vergangener Erfahrungen, Konflikte, Begegnungen mit Menschen und Überlebensstrategien. Die Interpretation der fixierten physiologischen Haltungen und die Arbeit an der chronisch-muskulären Verspannung, den Atemblockierungen und Beeinträchtigungen des Bewegungsflusses eröffnet eine neue Dimension der Wirklichkeit. So gibt es z. B. Menschen, die ihre Angst durch einen übertriebenen Ausdruck von Mut kaschieren, der sich in einer «eingefrorenen» körperlichen Haltung manifestiert: Die Schultern sind eckig, der Brustkorb ist aufgeblasen, der Bauch eingezogen. Die Beine sind steif, der Blick nur weit nach vorne gerichtet, statt dorthin zu schauen, wo der nächste Schritt hintritt. Der Mensch ist sich dabei nicht bewußt, daß seine Haltung eine Verteidigung gegen die Angst ist, solange er seine Schultern nicht fallenlassen kann, seinen Brustkorb nicht entspannen und seinen Bauch nicht loslassen kann. – Wenn die muskulären Verspannungen und die Beeinträchtigung der Atmung gelöst sind, gelangen die Furcht und ihre lebensgeschichtliche Entstehungsgeschichte oft ins Bewußtsein.

Demnach gelten zwei Wirkungsprinzipien:

1. Jede Einschränkung der **Bewegungsfähigkeit** ist zugleich Ergebnis als auch Ursache emotionaler Schwierigkeiten.

2. Jede Einschränkung der natürlichen **Atmung** ist dabei sowohl Ergebnis als auch Ursache von Angst. Die Schwierigkeit, unter emotionalem Streß tief und befreiend zu atmen, ist die physiologische Basis für die Erfahrung von Angst in solchen Belastungs- und Streßsituationen. Die Einheit und Koordinierung physiologischer Antworten hängt also von der Integration der Atembewegung, der gegenläufigen Bewegung des gesamten Körpers ab. Die physiologischen Funktionen des einzelnen können also insofern verbessert werden, als Atmung und Beweglichkeit von der Einschränkung der chronischen Spannung und Blockierung befreit werden.

Im gleichen Maße wird der Kontakt zur Wirklichkeit auf der physiologischen Ebene erweitert und vertieft. Man sollte sich also nicht fehlleiten lassen:

Gymnastik und Sport verbessern die körperliche Verfassung, heben die Stimmung, entsprechen aber **nicht** automatisch einer Verbesserung der psycho-physiologischen Dynamik. In der **Bioenergetik** gewinnt der einzelne durch spezielle Bewegungsabläufe, Atemübungen, Streßpositionen und Körperhaltungen einen tieferen Kontakt zu seinem Körper und ein besseres Gefühl für sich. Er beginnt, durch diesen Kontakt und dieses Gefühl die Verbindung zwischen seinem **gegenwärtigen** physiologischen Zustand und den früheren Erfahrungen zu verstehen.

Er begreift die «Verneinung seines Körpers» als Abwehr gegen sein Verlangen nach Beweglichkeit, Erleben, Lebensfreude, Erfüllung und Austausch mit anderen Menschen.

Killergedanken – wider die Natur

Anders als in der Natur, anders als bei den Tieren, die Kampf oder Flucht körperlich ausdrücken, hindern die Rahmenbedingungen unseres Lebens uns daran, die unter Belastung, unter Streß mobilisierten Energien durch aktives Handeln abzubauen. Der Mensch bleibt gewissermaßen auf der aufgebauten, angestauten Energie und Erregung sitzen. Er ist alarmiert und vorbereitet auf die Kampf- oder Fluchtaktion, kann aber selbst dies nicht in Bewegung ausdrücken. Statt dessen zieht er den Kopf in den Nacken, beißt die Zähne aufeinander, atmet gepreßt oder ballt die Faust in der Hosentasche. Er bleibt in seinem Bürostuhl sitzen, übt sich in einer oft zwecklosen argumentativen Strategie oder wühlt sich noch tiefer in seine Aktenberge.

Der Mensch gerät in einen Zustand ständiger **überhöhter Erregungsbereitschaft**. Die eigene Wahrnehmung und die Gedanken sind nur noch auf «Bedrohliches und Gefährliches» fixiert. Der Mensch findet keine innere Ruhe mehr, die Haut wird dünner, auch schwächere Streßreize lösen einen erneuten inneren Alarm aus. Schließlich kann das Klingeln des Telefons dazu führen, daß der Schweiß ausbricht, daß das Herz bis zum Hals schlägt. Der gleichzeitig einsetzende Magendruck bleibt unter Umständen das ganze Wochenende. Das gesamte vegetative Nervensystem reagiert wie bei einem Hilferuf des Organismus. Der Kreislauf ist überlastet, die körperliche Erschöpfung wächst, die sexuelle Lust verschwindet unter Umständen gänzlich, und statt der notwendigen Erholung treten Konzentrations- und Gedächtnisstörungen auf, depressive Verstimmungen, Gereiztheiten, latente Aggressivität und Ängste.

Feinmotorik für den Grobmotoriker

Herr T. steht vor der Beförderung zum Hauptabteilungs-leiter eines großen Unternehmens. Ihn lockt das Geld. Er weiß um die Konkurrenz mit seinen Rivalen, aber er tut, als würde ihn alles nichts angehen. Er wirkt abgeklärt und sagt: «Ich habe es eigentlich nicht nötig. Die ande-ren setzen mich unter Zugzwang, und der Termin läuft!» Er ist **innerlich angetrieben**. Dies drückt sich in seinem Redeschwall aus, in den hastig aneinandergereihten Ar-gumenten, die seine Situation beleuchten sollen. Er be-richtet von der vielen Arbeit. Im Privatleben hätte er Streß mit seiner Frau. Er wirkt unwillig und uneinsichtig, während wir darüber reden. Er strahlt eine Atmosphäre aus, die sagen könnte: «Laßt mich doch alle in Ruhe!»

Beruhigende, erklärende Worte können ihn nicht besänf-tigen. Er blendet seinen Streß, seine Hast, seine Eile ein-fach aus und sagt: **«Die anderen lassen mich ja nicht so sein, wie ich bin.»**

Ich bitte ihn, sich hinzulegen, um dann ganz langsam seine Beine so wie Schmetterlingsflügel zur Seite zu öff-nen und wieder zu schließen. «Diese Zeitlupenübung», kommentiert er mit einem lachenden und einem wei-nenden Auge, «sei ja Feinmotorikstreß für einen Grob-motoriker, wie ich es bin.»

Nach einer Weile wird er still. Er weint still in sich und sagt voller Erstaunen: **«Ich spüre mich ja jetzt»**, um dann den Rest der Zeit die Ruhe zu genießen.

Im anschließenden Gespräch wird deutlich, daß Herr T. so wie ein **verführender Macher** auf die Beförderung schaut, **ohne** sich persönlich zu spüren. Er ist damit be-faßt, sich glauben zu machen, daß alles ja nichts mit ihm zu tun hätte und den Streß hätte er ja nur, weil die anderen ..., und weil seine Frau ihm die «Hölle heiß macht».

Die Arbeit mit dem Körper und der emotionale Bezug zur eigenen Innerlichkeit sowie die Reflexion der eigenen Persönlichkeit lassen Herrn T. eine wohltuende Ruhe erleben. Er braucht gerade diese Ruhe, dieses Gespür für sich selbst, um sich in dem Prozeß der Beförderung nicht **zu überschätzen**. Die Frage, die für Herrn T. allmählich auftaucht, ist: «Auch wenn das Geld lockt, auch wenn ich besser sein will als die anderen, will **ich** überhaupt diese Beförderung? Will ich diese Beförderung, wenn ich mir ein großes Maß an zusätzlicher Arbeit, nervlicher Belastung und Rivalität einhandle?»

Gleichzeitig erlebt Herr T., daß er als Grobmotoriker im Beförderungswettstreit fähig ist, seinen Platz zu behaupten, daß er als Feinmotoriker, so wie er sich während der Körperarbeit erlebt, sein inneres Selbst-Gefühl anreichern kann. **Beides** ist für ihn hilfreich und wichtig, ans Ziel zu kommen! (Der Macher, siehe Kapitel 5.)

Streß weckt Scheinlösungen wie Überspielen, Vertuschen, den Anforderungen hinterherlaufen, Alkohol, vorschnelle Kündigung usw. Aber es ist der Mensch selbst, der eine Verbesserung der Streßtoleranz, die vor allem im Beruf vonnöten ist, sich selbst vereitelt. Statt sich um eine Stärkung und den Schutz von Identität, Selbstbewußtsein und Zufriedenheit zu kümmern, entscheidet er sich weiter für die Endlosspirale von Gereiztheit, Erschöpfung und Fehlbewertung alltäglicher Geschehnisse. Viele dieser Bewertungen hat der Mensch in der Kindheit gelernt. Sie sind zur Gewohnheit geworden, über die man längst nicht mehr nachdenkt. Sie werden zu sogenannten **Killergedanken**, weil sie die Dynamik besagter Spirale aufheizen. Sie ziehen ihre Überzeugungskraft und Plausibilität aus der eigenen lebenslangen Erfahrung und entsprechen einem beinah zwingenden Mentalprogramm.

Einige dieser Killergedanken:

Antreiber
- «sei stark»
- «sei perfekt»
- «beeil dich»
- «streng dich an»
- «mach's mir recht»

Sorgen
- «egal, was ich mache, alles ist falsch»
- «habe das noch nie geschafft»
- «die Kollegen hier sind sowieso blöd»
- «die wollen mich sowieso loswerden»

«Akkord ist Mord»
»» Schnell, schnell, schnell!

Streßerleben und Streßbewältigung hängen in einem großen Maße von der veränderten **Wahrnehmung** der eigenen Person und der Umwelt ab. Wichtiger als eine Situation an sich ist die Tatsache, wie wir sie wahrnehmen. Der Mensch unterliegt einem ständigen Veränderungsprozeß im Leben, der in der heutigen Zeit ein rasantes Tempo angenommen hat und unüberschaubar geworden ist. Erleben, Gefühle und Gedanken spielen dabei eine zentrale Rolle. Sie bewirken, wie der Mensch auf jede Veränderung reagiert. Einfach ausgedrückt: Gedanken, Gefühle und Einstellungen beeinflussen die persönliche Gesundheit. Gesunde Ernährung, sportliche Betätigung und veränderte Lebensbedingungen im Alltag reichen alleine nicht aus, sich wohl zu fühlen.

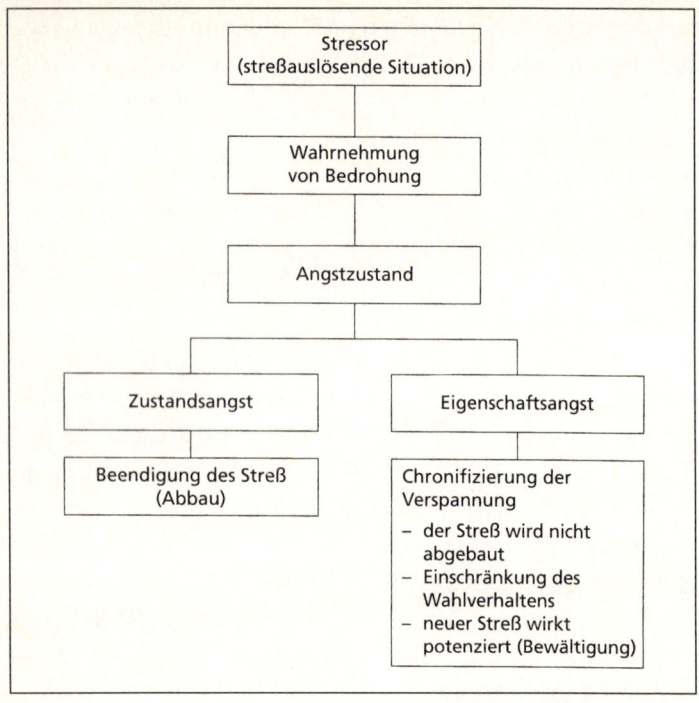

«Streß ist nicht nur eine Folge, Streß ist auch Ursache.
Streß ist nicht nur ein Produkt, Streß bewirkt auch etwas».
«Akkord ist Mord», meint die Schädlichkeit einseitiger Belastung bei ständiger Hetze. Akkord kann am Arbeitsplatz, in der
Konkurrenzbeziehung, in der Hektik des Geschäftslebens, im
Alltag in überfüllten Straßenbahnen, im Stau auf der Straße
sein, wenn man entweder äußerlich angetrieben oder in der
Enge des Staus ist oder wenn man innerlich unglücklich, un-
zufrieden mit sich sich selbst unter Druck setzt: «Schneller
und mehr davon», «ich laß mich doch dadurch nicht klein-
kriegen», «ich muß das aber jetzt noch hinkriegen» sollen
über Gefühle von Hilflosigkeit, Ohnmacht oder aber Wut hinwegtäuschen.

Kaum dem emotionalen Stau entronnen, entwickeln die «Tatmenschen» eine unglaubliche Aktivität. Sie arbeiten gegen die Widerstände, die Widrigkeiten des Alltags an, erzwingen den Erfolg, wollen sozial immer auf dem ersten Platz sein, stehen ihren Mann und übergehen erste Belastungssymptome, die eine Erholungspause, eine Besinnung, eine Verlangsamung des Tempos erfordern würden.

»» Programme, Programme, Programme

«Anstrengend ist das Leben der Politiker: Morgens Lagebesprechung, dann Kabinettsitzung, Mittagessen mit führenden Vertretern der Wirtschaft. Es tagen Parlamentsausschüsse, Empfänge, Interviews, Beratungen sind zu absolvieren. Manchmal dauern Besprechungen und Debatten bis in die Nacht. Und am kommenden Morgen winkt der nächste Termin.

Aufreibend ist auch das Leben der Berufsradfahrer. Die Meldungen über totale Erschöpfung der Teilnehmer eines Rennens, ja über Zusammenbrüche – oft mit Todesfolge – sind bekannt. Und trotzdem wird das immer noch Sport genannt. Der ursprünglich doch der Gesundheit dienen sollte.» («Schneller, weiter, höher», S. 135 in: Mensch und Gesundheit, Bertelsmann).

Im Unterschied zum Leben in Zeiten vor der heutigen Zivilisation, in der ein Löwenmut noch lebenswichtig war und ungestümes Draufgängertum an der Tagesordnung, erfordern heute selbst tödliche Gefahren oft ruhige Vernunft und umsichtiges Handeln.

Das autonome Nervensystem, ursprünglich entwickelt, um den Erfordernissen der Wildnis und denen des steinzeitlichen Nomadenlebens gerecht zu werden, dient heute dazu, das jagende Herz zu ignorieren, den rebellischen Darm zur Ordnung zu rufen und die muskuläre Hochspannung zu unterdrücken. Könnte man sich abreagieren, wäre man gewiß gesünder.

Geht man so mit seinen Energien um, lebt man in einem latenten Dauerstreß mit der Gefahr, im Erschöpfungsstadium zusammenzubrechen. Der innere Streßpegel, die innere Bereitschaft, nervöser zu reagieren, wird erhöht. Anfangs geschieht dies, ohne daß man das bewußt erlebt. Später erlebt man sich als Opfer äußerer Streßreize, und man hofft, daß die Beseitigung derselben das Problem lösen würde.

Hierbei wird aber die eigene unbewußte Streßbereitschaft verkannt, denn gerade diese hält das innere Erleben in einem latenten Alarmzustand. Man fühlt sich ängstlich, rivalisierend, begierig, kämpfend oder kritisierend, und man hört, wie der Volksmund sagt, die Flöhe husten, ohne noch genau hinzuhören. Der überforderte Mensch ist dann Opfer des Akkords draußen im Leben, Opfer der sozialen Kommunikationsprogramme und Opfer seiner inneren, unbewußt gebliebenen latenten Gereiztheit, die ihm die Sinne, das Erleben und situationsgemäße Einschätzungen trübt. Und was noch gravierender wirkt: Er setzt sich innerlich unter Akkord, um den äußeren Akkord zu meistern.

Wieder gesund werden

Steffi Graf schleppt sich von Verletzung zu Verletzung und siegt unter unerbittlichen Schmerzen. Giulietta Massina stirbt fünf Monate, nachdem ihr Mann Federico Fellini an Krebs gestorben ist. Hochbezahlte Manager jetten um die Welt, um am Herzinfarkt zu sterben, wenn sie dem Arbeitsleben den Rücken kehren. Frauen und Mütter, die den überkommenen Rollenklischees entfliehen und Arbeit, Familie und Kinder unter einen Hut bringen wollen, ringen oft genug mit Magengeschwüren, Migräne und Rückenschmerzen.

Übrigens: Untersuchungen an der University of California in Los Angeles haben inzwischen gezeigt, daß positive Gefühlszustände unmittelbar auf die körperinneren Systeme einwirken. So wurden Dutzende von Schauspielern gebeten, bestimmte Gefühlszustände zu spielen, zum Beispiel tief empfundene Freude, festliche Stimmung, Trauer, Schmerz, Glück oder Lust. Nach den **glücklichen** Szenen hatten die Schauspieler eine **erhöhte Aktivität der Abwehrzellen**, nach den **traurigen** waren die **Zellen geschwächt**. «**Liebe ist also die beste Medizin**», sagt man, «Streß und Kummer hingegen machen krank.» Alltagserfahrungen, die durch die Naturwissenschaften und die Medizin ihren Beweis finden.

3 BIOENERGETIK

Bioenergetische Leitlinien für die Praxis

Menschen, die sich für Bioenergetik interessieren, brauchen psychosomatische Hilfe, suchen ein vertieftes Körper-Erleben, wollen «Körper und Persönlichkeit» auf sich beziehen, möchten ihren Körper als lebensgeschichtlich geprägten Körper verstehen lernen, suchen Entspannung und möchten ihre Lebensfreude vertiefen oder aber suchen eine Methode der Streßbewältigung oder fragen nach der Rolle und Bedeutung des Körpers in ihrem Unternehmen, in ihrer Organisation.

Sowohl für das praktische Üben als auch das Verstehen von «Körper und Persönlichkeit» sowie «Körper und Organisation» gelten folgende Leitlinien.

»» Empfindungen

Empfindungen, körperliche Sensationen sind Anspannung, Entspannung, Kälte, Wärme, Kribbeln, Vibrieren, Zittern, Zucken und u. a. Ihre Wahrnehmung und Differenzierung ermöglichen einen ersten Bezug zum Körper, der möglichst unverfälscht – ohne jegliche Interpretation – erfolgen sollte. Es eröffnet sich hierdurch eine unerschöpfliche Vielfalt an körperlichen Erfahrungen, die neugierig machen können, verunsichern, aber auch ängstigen.

Empfindungen können während der Übungen überall im Körper auftreten. Sie können die Wachheit für einen bestimmten Körperbereich (Segment) wecken. Sie können die Erfahrung bestimmter Sensationen überhaupt erst ermöglichen.

Dabei kann es zu überraschenden Eindrücken kommen, wenn z. B. durch eine Fußübung Reaktionen in ganz anderen Körperteilen ausgelöst werden. Der **erlebte Körper** erscheint dann als geheimnisvoll, spannend, manchmal unheimlich. In der Regel erlebt man sich durch die vertiefte Wachheit für die Körperempfindungen als ganze Person, als zunehmend aber beruhigt und entspannt – also gesund!

Die bewußte Wahrnehmung der eigenen Körperempfindungen in einer ruhigen und ermöglichenden Atmosphäre kann einem zentralen Dilemma entgegenwirken. Man beachtet im Alltag seinen Körper oft nur dann, wenn dieser erschöpft, abgearbeitet, unter Streß oder krank ist. Wenn man gar seinen Körper einem jahrelangen, oft unerbittlichen Trainingsprogramm in Sport und Gymnastik ausgesetzt hat, freut man sich, ihn endlich bewußt wahrzunehmen, um sich selbst zu spüren, innerlich zur Ruhe zu kommen und um sich in seinem **lebendigen Körper** zu erleben, der einfach so reagiert, wie er will.

Das Spüren der Körperempfindungen ist also ein erster Schritt, den Körper nicht nur zu trainieren, sondern ihn als erlebnismäßigen Boden für die Erfahrung der eigenen Persönlichkeit zu nutzen. Plagende Gedanken werden allmählich zurückgedrängt, man beginnt abzuschalten und wird wach für körpereigene Impulse, für Phantasien, innere Bilder und die eigene Gestimmtheit.

»» Atmung

Eine gute, flexible, tiefe und befreiende Atmung ist wesentlich für das persönliche Wohlbefinden und die «lebendige Gesundheit». Das Atmen erfolgt im wiederkehrenden Rhythmus von Einatmen – Ausatmen – Pause – Einatmen. Die Atmung weckt neben ihrer Aufgabe, den Stoffwechsel zu garantieren, ein inneres Feuer, die nötige Lebensenergie. Je mehr Sauerstoff man bekommt, desto mehr Lebensenergie, Wachheit, Freude und Kraft stehen einem zur Verfügung. Denken Sie nur daran, daß Sie ca. 50 Prozent des Sauerstoffs für Ihr Gehirn, Ihr Denken benötigen.

Die Atmung ist dem einzelnen in der Regel nicht bewußt. Sie ist immer eine muskuläre Bewegung im ganzen Körper. Jeder hat einen individuellen Atemrhythmus mit entsprechenden Tiefen, Hemmungen, Blockierungen und Ausdehnungen. In der Bioenergetik geht es darum, den Atem zu verstehen, um zu lernen, wie innere Verspannungen gelöst werden können. Wenn anfangs bei einer Übung auf die Atmung geachtet wird, so erleben nur wenige sie als **Atembewegung im ganzen Körper**. Vielen fällt es auch schwer, die empfundene Atmung in Worten zu beschreiben.

Der Vorgang einer natürlichen, spontanen und entspannten Atmung kann folgendermaßen beschrieben werden: Das Zwerchfell zieht sich zusammen, senkt sich, die Lungen können sich auf Grund des geringen Widerstands im Brustraum ausdehnen. Gleichzeitig kommt es zu einem Druck auf den Magen-Darm-Bereich, den gesamten Bauchraum. Bauchraum und Brustraum dehnen sich aus, Becken, Schultern und Kopf neigen sich oft unmerklich leicht nach hinten. Während der Ausatmung gehen Kopf, Schultern und Becken wieder leicht nach vorne. Die Zwischenrippenmuskeln ziehen sich leicht zusammen und das Zwerchfell lockert sich. Die Ausatmung ist dabei eher ein passives Geschehen und kann am besten gespürt oder aktiv unterstützt werden durch einen Ton, durch Laute, durch ein Seufzen.

Die Einatmung selbst öffnet Bauch, Brustraum, Kehle und Mundhöhle. Sie beginnt wie eine aufsteigende Welle unten im Becken und fließt hin zum Mund. Die Ausatmungswelle beginnt im Mund und fließt nach unten. Gerade sie führt zu einer tiefen Entspannung im gesamten Körper.

Die Atmung fließt von selbst und kann nur über einen gewissen Zeitraum willentlich beeinflußt werden. Die Erfahrung der eigenen Atmung weckt entweder innere Befreiung, Vitalität, Glücksgefühle oder Verunsicherung, Anspannung, Druck, gelegentlich sogar Schmerzen. Die Beobachtung des Körpers und der Atmung fördert die innere Ruhe und Wachheit für die Bewegungen im Körperinneren, den feinen Ausdruck der Atemwelle und des Muskelgeschehens im Körper.

»» Stimme, Ton, Laut

Die Atmung ist in der Regel mit einem Ton, mit stimmlichem Ausdruck verbunden: sei es die Freude, das Wohlbefinden, die Wut, der Schreck, die Anstrengung oder die Belastung. Es liegt in der Natur des Körpers, daß bei stärkerer Emotion und / oder wachsender Anstrengung die Atmung tiefer und die Stimme eher zu hören sein wird. Man kann sagen: Das Gefühl und die Anstrengung finden in der Stimme ihren Ausdruck.

Viele, die die eigene Stimme und das Tönen der anderen z. B. in einer Gruppe hören, fühlen sich jedoch unbewußt gehemmt, so daß sie ihre eigene Atmung einschränken und die Stimme zurückhalten. Einige beschweren sich sogar, wenn jemand spontan mit einem leichten Ton ausatmet. Andere fragen erstaunt, ob «alles in Ordnung sei».

Im Lauf der Zeit wächst durch das Hören der eigenen Stimme und der anderer Menschen die Zuversicht, Atmung sei selbstverständlich mit stimmlichem Ausdruck verknüpft. Man fühlt sich freier, die Atmung geht tiefer, die eigene Stimme wird kraftvoll und lauter. Die bewußte Beschäftigung mit der Atmung bringt zuvor geweckte Impulse in Bewegung, die zunächst noch ungerichtet sind. Die Verbindung von Atmung und Stimme bietet dabei erste Erfahrungen von körpereigenen, internen Kreislaufprozessen, von der Vermischung von Atmung, innerer Resonanz und Erleben.

»» Gefühle und Gedanken

Assoziieren Sie! Fragen Sie sich:

- Was fühle ich?
- Woran denke ich?
- An wen denke ich?
- Was erinnere ich?

Es geht nicht darum, daß Sie Antworten finden und daß diese Sie zu weiteren Gedanken anregen sollen. Es geht darum, Mut zu finden, zu assoziieren und mit Leichtigkeit körperliche Empfindungen, Atemerfahrung, Gefühle, Gedanken und Erinnerungen als miteinander verknüpft zu erleben. **Fragen Sie nicht nach den Kausalitäten**, sondern geben Sie jeder Assoziation das Recht aufzutauchen, Bedeutung zu gewinnen und Sie vielleicht hierdurch zu überraschen.

Einstellungen aus der Kindheit, Botschaften der Eltern oder mentale Programme haben, wie Sie sicherlich merken werden, Einfluß darauf, wie Sie die Übungen machen, welche Empfindungen auftreten, was sich ändert und wie es Ihnen dabei geht. Gerade dieser Aspekt ist bedeutsam und wird Sie immer wieder beschäftigen, zumal er eine neue Sicht auf die üblicherweise unter dem medizinischen Blickwinkel betrachteten Körper darstellt.

Was passiert in Ihrem Körper und wie geht es Ihnen, wenn Sie alleine sind oder wenn Sie im Beisein eines anderen Menschen die Übungen machen. Die Erfahrung des «Im-Beisein-berührt-Werdens» ermutigt Sie vielleicht zu neuen Assoziationen. Durch dieses Zusammenspiel von Körpererfahrung und Assoziationen lösen Sie sich aus überkommenen Verstehensmustern Ihres eigenen Körpers. Sie bekommen ein Gespür für Ihr «Körper-Schicksal» und schaffen dadurch einen wichtigen Pfeiler auf dem Weg Ihrer persönlichen Sinnfindung.

Dieser Prozeß kann insoweit unterstützt werden, als Wahrnehmungen, Beobachtungen, Gedanken und Gefühle in der zeitlichen Abfolge durch «Wenn … dann …»-Sätze miteinander verbunden werden. Es geht dabei **nicht** um die Erforschung von Logik und Kausalität, von Ursache einer Empfindung oder Erinnerung, sondern um die Verdichtung von zunächst unzusammenhängend erscheinenden Aspekten.

Lassen Sie sich überraschen, wenn Sie die Sätze umkehren. Aus dem Satz «wenn meine Beine zittern, dann denke ich an meine am Küchentisch sitzende Mutter, als ich fünf Jahre alt war» wird «wenn ich an meine am Tisch sitzende Mutter denke, dann zittern meine Beine». Wie erleben Sie die Umkehrung dieses Satzes, und was geschieht in Ihrem Körper, wenn Sie diesen Satz aussprechen und selbst hören? Ändert sich die **emotionale Bedeutung?**

Die Verbindung von Körper, Gefühl, Gedanken und Erinnerung schafft wichtige Grundlagen für die Erfahrung der Komplexität von «Körperausdruck und Persönlichkeit».

Körperliche Impulse, Erinnerungen, Bilder usw. werden benannt und auch umgekehrt. Die Assoziationen lösen weitere Impulse aus. Dieser Schritt ist unbedingt notwendig, um für sich selbst, den Erfahrungsprozeß und das eigene körperliche, emotionale Wohlbefinden Verantwortung zu übernehmen. Im Lauf der Zeit werden Sie Ihren Körper neu betrachten, erleben und **neue Wahlmöglichkeiten** finden. Die Erfahrung während der Übungen ist u. U. jedesmal anders, gewisse Übungen können durch die Intensität der Erfahrung eine persönliche Bedeutung für Sie bekommen.

Und, wenn Sie diesem Prozeß folgen, entscheiden Sie sich bewußt oder aktiv selbst für Ihr Wohlergehen!

»» Belastung und Schmerz

Die Entwicklung des Körpers ist durch frühkindliche Belastungssituationen, Frustrationen, Versagungen, ungelöste

Konflikte funktional gehemmt oder blockiert worden. Der Körper ist somit bei Fortbestehen dieser Blockierung sichtbarer Ausdruck von ungelöstem, chronischem Lebens-Streß. Normalerweise, wenn Streß erlebt wird, reagiert der Organismus entsprechend. Mit Anspannung, Kampf oder Flucht usw. Wird der streßauslösende Reiz abgebaut, schwindet dieser, kann der Organismus wieder loslassen. Dieser Vorgang ist bei vielen Menschen durch die **unbewußte, chronische, persönliche Streßhaltung**, nämlich die Art und Weise, wie jemand in seinem Leben «am besten» mit Streß umzugehen gelernt hat, beeinträchtigt. Streß wird funktional im Körper aufrechterhalten, auch wenn die äußeren Bedingungen sich bereits geändert haben.

Stellen Sie sich jemanden vor, der mit leicht angehobenen Schultern vor Ihnen steht, oder erinnern Sie sich an jemanden, der mit nervösem Blick und sich wiederholenden schnellen Kopfbewegungen umschaut. In der Regel sind diese körperlichen Reaktionen nicht bewußt. Sie funktionieren automatisch und haben oft nichts mit der jeweiligen Situation, dem Gesprächspartner, der Aufgabe, die erfüllt werden muß, zu tun. Diese Reaktionen enthalten gewissermaßen unbewußt gebliebene Erfahrungen aus der Kindheit. Körperlich drückt sich dies in leicht erhöhter Anspannung, in hastigeren Bewegungen u. a. aus.

Es gibt zwei Hauptgründe, warum in der Bioenergetik mit Belastung und Streß gearbeitet wird. Die Lebensgeschichte jedes einzelnen stellt ein Zusammenspiel von Bedürfnisbefriedigung, Konfliktbewältigung, Enttäuschung, Krise und / oder Streß dar. Das Reaktivieren dieser Erlebnisse und vor allem der körperlichen Verhaltensmuster, die Bearbeitung und das Auflösen derselben sind dann ebenfalls mit Belastung, Konflikt, Bedürfnisbefriedigung, Enttäuschung, Streß u. a. verbunden.

Zum anderen gilt es, ein **physiologisches Gesetz** zu nutzen. Demnach ist es so, daß der Muskel die zunehmende Erhöhung der Anspannung nicht ewig aushalten kann. Eine leichte Anspannung ist im Muskel in der Regel nicht spürbar. Eine leicht erhöhte Anspannung, gerade wenn sie chronisch ist, bleibt unbewußt, kann aber Spätfolgen in Form von funktionellen Störungen und Krankheiten auslösen. Wird die Anspannung des bereits haltenden Muskels noch mehr erhöht, wird der Punkt erreicht, an dem die Anstrengung so groß ist, daß der Muskel von allein losläßt. Er kann auf Grund seiner Physiologie nicht mehr halten. Die dann eintretende Entspannung ist viel tiefer, organismischer und befreiender als die Wirkung anderer herkömmlicher Entspannungsverfahren.

Belastung, Anspannung und körperlicher Streß sind mit Schmerz verbunden. Funktional betrachtet gibt es drei Formen von **Schmerz**:

- Physiologischer Schmerz (körperliche Verletzung, Verbrennung u. a.)
- Struktureller Schmerz (latent erhöhte Muskelanspannung, funktionelle Herzbeschwerden u. a.)
- Schmerz als Auswirkung von Angst

Tritt Schmerz bei bioenergetischen Übungen auf, was passieren kann, muß überprüft werden, um welche Art von Schmerz es sich handelt. In der Regel, wenn die Übungen «richtig» gemacht werden, handelt es sich eher um Angst oder strukturellen Schmerz, vorausgesetzt, es liegt kein körperlicher krankhafter Befund vor. Schmerz während einer Übung ist demnach oft ein Anzeichen dafür, daß das persönliche Verspannungsmuster, die körperliche Streßhaltung berührt ist. Die Übung ist dann nicht nur eine Gymnastikübung, sondern eine Attacke auf das persönliche Streß-Profil. Sie weckt unmittelbar das persönliche Erleben.

Viele vermeiden den Schmerz, indem sie bei erhöhter Anspannung, bei vertieftem gefühlsmäßigem Erleben die Übungen vorzeitig beenden. Oft zeigt man unmittelbar danach eine Übersprungshandlung. Der eine beginnt wie ein Wasserfall zu erzählen. Ein anderer fragt einem Löcher in den Bauch. Ein anderer will durch seine Gedanken den Erfahrungsprozeß kanalisieren und kontrollieren. Ein anderer gar kritisiert die Erfahrung von Schmerz in den Übungen, wendet sich entrüstet mit den Worten ab: alles sei ja eine Zumutung.

Andere wiederum nehmen den Schmerz zum Anlaß, die Übung zu beenden. «Es bringt ja sowieso nichts.» «Warum soll ich mir denn Schmerzen zufügen?»

Die Erhöhung der Anspannung und das Erleben von Schmerz bringen den einzelnen an eine Erfahrungsgrenze. Die **Angst** wird erhöht, alte Erlebens- und Reaktionsmuster werden wiederbelebt. Die Ermutigung, die Übung einen Moment nur länger zu machen, vielleicht nur drei Atemzüge lang, um dann aufzuhören, führt oft zu überraschenden Erfahrungen. Es passieren unerwartete Dinge im Körper, im Erleben und im Ausdrucksverhalten. Der Körper beginnt zu zittern. Ein überraschendes Gefühl taucht auf.

Die Erhöhung der Anspannung kippt um in eine Entladung. Die hiermit einhergehende körperliche und emotionale Befreiung, Entspannung sind meistens mit Gefühlen, mit Lebensfreude, mit Tatkraft und dem Erleben, voller Energie zu sein, verbunden. Der Hinweis, jeder könne ohne eine Erklärung die Übung bei Schmerz oder Belastung beenden, aktiviert die **persönliche Entscheidungskompetenz** und signalisiert Respekt vor dem Erleben jedes einzelnen. Der gleichzeitige Hinweis, die Übung einen Moment länger durchzuführen, verdichtet auf der energetischen Ebene das Körpererleben und die emotionale Beteiligung, so daß die Anspannung in Entspannung umkippen kann.

Bioenergetische Übungen enthalten immer einen aktiven und einen passiven Teil. Es geht um Übung **und** Ruhephase / Pause. Das Wechselspiel von körperlicher Bewegung und Entwicklung des Erlebens initiiert ein eigenständiges Geschehen. Die Pause, die Ruhephase stellt einen Gegenpol zur Hektik, zur Geschäftigkeit und zur Aktivität im Alltag dar. Ruhe und Entspannung dürfen sich entwickeln. Viele sind jedoch überrascht, wenn sie in der Ruhephase «Schwierigkeiten» spüren, innerlich loszulassen. Die Gedanken rasen weiter. Man fühlt sich wie getrieben, ist mit anderen Dingen beschäftigt, die nichts mit der Übung und dem aktuellen Körpererleben zu tun haben. Man denkt an jemand anderes. Man konzentriert sich auf die Übungsanweisung und will diese so genau wie möglich machen. Diese alten, vertrauten «Vermeidungsstrategien» rauben dann die Möglichkeit, in der Ruhephase innerlich zur Besinnung, zur Erholung und zum Gespür für sich selbst zu kommen. Es gibt eben eine Zeit zum **Nach-Denken** und eine andere Zeit zum **Nicht-Denken**. Aber nicht beides gleichzeitig!

Je mehr es einem gelingt, sich dem Erfahrungsprozeß in der Ruhephase hinzugeben, desto eher beginnt die Entwicklung des Gespürs für den Körper, für die inneren Prozesse des Erlebens und die vielfältigen, hierdurch ausgelösten Bilder und Erinnerungen. Viele berichten im Anschluß an die Übungen und die Ruhephasen von innerer Bewegung, von Aktivierung der Energie, von einer seltsamen Wachheit und Frische.

In der Ruhephase können grundsätzlich drei zentrale Reaktionsweisen des Organismus auftreten:

- ■ **(Halb-)autonome Körperreaktionen**, unwillkürliche Bewegungen, Vibrationen, Zittern u. a. beleben und lenken von mentalen Programmen ab.

▦ Wenn die erhöhte Anspannung, die Anstrengung oder Ermüdung sich plötzlich lösen, gewissermaßen «umkippen»,
wird durch die **energetische Entladung** eine tiefere Entspannung als üblich spürbar. Gleichzeitig tauchen überraschende Gefühle, Gedanken, Bilder und Erinnerungen auf,
die mit dem spezifischen Körpererleben verbunden sind
oder von der Körpererfahrung hin zu Erfahrung der eigenen Person überleiten.

▦ Das **Zusammenspiel** von Körpererfahrung, Erleben und
bewußter, kontrollierender Regelung des Geschehens
weckt ein Gespür für die eigene Persönlichkeit. Man ist
nicht nur Körperreaktion **oder** Erleben **oder** Bewußtsein.
Jeder gestaltet auf seine individuelle Art und Weise den Erfahrungsprozeß und entdeckt sich und den Sinn seines Lebens aus der Erfahrung im Hier und Jetzt und in der Erinnerung lebensgeschichtlich bedeutsamer Bilder und
Szenen, auf dem Boden des Körpererlebens.

Werden vertraute Übungen aus der Gymnastik oder dem
Sport einbezogen, kann sich die Änderung des Tempos, die
Verlangsamung oder die Beschleunigung des Übungsablaufs,
die Wirkung der an sich bekannten Übung modifizieren. Hierdurch wird die spezifische Körpererfahrung oft überhaupt erst
möglich, vielfach vertieft und auf eine ganz neue Art erlebt.

Das Beschleunigen, die Verlangsamung der Bewegung und
der Wechsel von Übung und Ruhephase fördern **immer** die
Entwicklung innerer Impulse und deren bewußte Wahrnehmung, die Erfahrung der Persönlichkeit. Das bewußte Erleben
des Zusammenspiels von Spontaneität und Kontrolle führt zu
Erkenntnissen über die eigene Person und wird zur Wurzel,
zur Quelle belebender Neugier, von Wachheit, überraschen-
der Betroffenheit und Lebensenergie.

»» Übung als Dialog

Man kann die Übungen allein machen oder mit anderen zusammen. Sie wecken einen inneren oder äußeren Dialog mit anderen Menschen. Werden Körperempfindungen, Gefühle mit lebensgeschichtlichen Erfahrungen verknüpft, geht es immer auch um andere Menschen. **Gefühl ist also immer Beziehungsgefühl.** Lebensgeschichtlich sind «Körper und Persönlichkeit» durch die Erfahrung mit anderen Menschen, vor allem denen der Herkunftsfamilie, verbunden. Empfindungen, Gefühle und assoziative Bilder während des Erlebens in einer Übung haben mit anderen Menschen zu tun. Entweder mit den real Anwesenden, den Menschen des Alltags oder den Menschen aus der Vergangenheit, deren Geist als innere Gestalt in einem weiterlebt. Fühlt man sich ängstlich, kann man fragen, vor wem. Fühlt man sich sehnsüchtig, kann man fragen, nach wem. Ist man wütend, sucht man ein Gegenüber.

Werden bioenergetische Übungen in der Gruppe gemacht, wird durch die Vielfalt der individuellen Erfahrungsprozesse der Teilnehmer eine jeweils besondere Atmosphäre in der Gruppe erzeugt. Man erlebt sich mit anderen, gegen andere und alleine unter anderen. Nicht selten taucht im Lauf der Übungsabfolgen Konfliktstoff auf, der evtl. zunächst mit der Situation in der Gruppe nichts zu tun hat. Das gemeinsame Erleben, der gemeinsame körperliche Ausdruck und das Gespräch über die gemachten Erfahrungen stimulieren unbewußte Prozesse der Identifikation mit den anderen und der Atmosphäre in der Gruppe. Schließlich ist man durch die Erzählung eines anderen in der Gruppe berührt, abgeschreckt, beschämt oder beglückt. Entweder will man sich unbedingt mitteilen oder lauscht still in sein eigenes Inneres. Gerade dieses dialogische Geschehen während der bioenergetischen Körperübungen in der Gruppe belebt die Körpererfahrung als die Erfahrung eines belebten, gelebten Körpers.

Übung und Selbsteinschätzung

Die bioenergetische Arbeit ist grundsätzlich geprägt durch das Zusammenspiel von Körpererleben, Erfahrung der eigenen Persönlichkeit und der lebensgeschichtlichen Prägung derselben. Im folgenden Kapitel werden zwei Möglichkeiten aufgezeigt, wie Sie zentrale Funktionen Ihres Körpers gezielt erfahren können und selbst einschätzen lernen. Sie können die Übungen allein oder mit einem anderen Menschen machen. Wiederholen Sie die Übung nach einigen Wochen, um Änderungen festzustellen.

»» Der eigene Körper im Spiegel

Häufig ist man nicht in der Lage, den eigenen Körper bewußt zu spüren. Leichter fällt es auf Grund optischer Eindrücke, ein Bild vom eigenen Körper und dem eines anderen zu bekommen. Bei den Übungen ist es oft nicht einfach, der Empfehlung zu folgen, Körperempfindungen bewußt wahrzunehmen, den **Körper als gefühlten Körper zu erleben**. Oft bemerkt man den eigenen Körper nur, wenn er krank ist, wenn Schmerzen empfunden werden oder wenn der Körper strapaziert ist. Hier also etwas, was Sie unter Umständen tagtäglich tun:

»» Stellen Sie sich in einer Entfernung von 2 bis 3 m vor einen Spiegel, der groß genug ist, um den ganzen Körper abzubilden. Betrachten Sie sich. Was ist Ihr erster Eindruck bzw. Ihr erstes Gefühl, wenn Sie Ihren Körper im Spiegel sehen? Sind Sie bekleidet oder nackt?

Mögen Sie sich anschauen, oder schauen Sie weg? Wo beginnen Sie mit Ihrer Betrachtung, wo bleibt Ihr Blick hängen? Und wie geht es Ihnen jetzt? Wie ist Ihre Stimmung? Sind Sie aufgeregt, ist es Ihnen peinlich, oder sind Sie unbeteiligt und achten nur auf die Pickel oder das leicht ergraute Haar? Oder schauen Sie nur hin, um einen fotografischen Eindruck von sich zu bekommen?

Experimentieren Sie vor dem Spiegel, indem Sie die Knie leicht beugen oder den Körper in eine Bogenhaltung bringen. Was passiert nun im Körper? Was sehen Sie? Worauf ist Ihr Blick gerichtet? Wie ist es, wenn Sie ein Zittern der Beine im Spiegel sehen?

Registrieren Sie die Impulse, die in Ihnen wach werden. Impulse, die mit der Art und Weise der Betrachtung zu tun haben, mit dem Wunsch, die Übung zu beenden oder wegzuschauen, oder gar mit einem aufkommenden Gefühl. Wie wirkt das Betrachten Ihres Körpers im Spiegel auf Ihre Gedanken, was beschäftigt Sie nun?

Ändern Sie Ihre Körperhaltung, schauen Sie sich von verschiedenen Seiten an. Welche Informationen über Ihren Körper bekommen Sie und wie betrachten Sie sich? Ist Ihr Blick ruhig, irrt er herum oder fixiert er bestimmte Bereiche? Spielen Sie mit Ihrer Körperhaltung! Wählen Sie unterschiedliche Positionen, betrachten Sie Ihren Körper in verschiedenen bioenergetischen Haltungen, schneiden Sie Grimassen oder hüpfen Sie vor dem Spiegel und betrachten Sie dabei Ihren Körper. Verdeutlichen Sie sich, welche Informationen und Eindrücke Sie über Ihren Körper bekommen. Welche Wirkung das Betrachten Ihres Spiegelbilds auf Sie hat und welche Impulse sich in Ihnen entwickeln. Nutzen Sie diese Eindrücke zum besseren Verständnis Ihres Körpers, Ihres Erlebens und Ihrer Person.

Was ändert sich, wenn Sie sich in regelmäßigen Abständen im Spiegel betrachten?

»» Das Gesicht als Spiegel der Seele

«Das Gesicht», hat Cicero behauptet, «ist das Abbild des Gehirns, die Augen sind seine Berichterstatter.»

»» Legen Sie sich hin, betrachten Sie sich mit einem kleinen Spiegel (ca. 15 bis 20 cm). Halten Sie die Arme dabei hoch. Auch wenn die Arme nach einer Weile müde werden, halten Sie den Spiegel fest und betrachten Sie Ihre Augen, Ihr Gesicht, Ihre Mimik. Was sehen Sie? Was für eine Wirkung geht von Ihren Augen und von Ihrem Gesicht aus? Welche Impulse entwickeln sich in Form von Fragen, von Gefühlen oder Gedanken in Ihrem Innern?

Schließen Sie nach einer Weile die Augen. Nehmen Sie die Arme und den Spiegel herunter, um nach einer Weile die Arme wieder hochzunehmen und Ihr Gesicht erneut zu betrachten.

Wie geht es Ihnen, wenn Sie jetzt Ihre Augen und Ihr Gesicht sehen? Was ändert sich, wenn Sie die Augen weiter aufmachen, um Ihr Gesicht zu betrachten, oder die Augen zu kleinen Sehschlitzen verkleinern?

Die **Selbst-Betrachtung** im Spiegel kann verunsichernd, peinlich, ängstigend oder beglückend sein. Vielleicht sind Sie gar nicht vertraut damit, sich vorbehaltlos anzuschauen, ohne sich zu frisieren, das Make-up aufzulegen oder die Speckrolle zu begutachten. Vielleicht entwickelt sich aber jetzt ein Körpergefühl, das zur Verbesserung Ihres Selbstvertrauens führt.

Immer wieder wichtig ist

Wenn Sie die Übungen zu einem anderen Zeitpunkt, in einer anderen Stimmung wiederholen, möchte ich Sie bitten, die früheren Erfahrungen bei den Übungen zu erinnern. Führen Sie sich die Unterschiede und ähnliche Erfahrungen vor Augen.

Bioenergetik heißt, den Körper zu erleben, ihn zu bewegen, sich auszudrücken und ihn als Aspekt der eigenen Persönlichkeit zu verstehen. Die unterschiedlichen Informationen und Eindrücke, die Erlebnisse und Erfahrungen können, bezogen auf die eigene Person und die eigene Lebensgeschichte, erkenntnisreich sein. Hierüber in einen inneren Dialog zu gehen oder sich anderen z. B. in einer Gruppe oder dem Partner mitzuteilen, ist eine wichtige Stütze in der bioenergetischen Arbeit.

Hier einige Anregungen, um sich eingehender mit Ihrem **Körper**, seiner **lebensgeschichtlichen Entwicklung,** Ihren früheren Bezugspersonen und bestimmten wichtigen Ereignissen zu befassen: Dies hilft Ihnen, um sich mit Ihrem erlebten Körper und den oft unentdeckten Bereichen der eigenen Persönlichkeit anzufreunden. Wenn Sie sich anderen Menschen mitteilen, bekommen diese interessante persönliche Eindrücke geschildert, die man sich sonst im Alltag nicht «einfach so» mitteilt.

Sich mit dem Körper vertraut zu machen, hierüber in einen **inneren Dialog** zu gehen, weckt und stärkt das Vertrauen in die eigene Körpererfahrung. Sich dem anderen mitzuteilen, in den Dialog mit dem Gegenüber zu gehen, nützt der Vertrauensbeziehung. Bioenergetische Arbeit ist also nicht nur ein Übungsprogramm, sondern gerade ein (gemeinsames) Verstehen von Körpererfahrung und Körperausdruck.

Es gibt drei Aspekte, die es dabei zu beachten gilt:

»» Der Körper heute

Was können Sie über Ihren Körper berichten, über Ihre Empfindungen, Ihre Atmung? Wie geht es Ihnen stimmungsmäßig? Was machen Sie körperlich im Alltag? Wie gestalten Sie Ihr Leben? Wodurch wird es charakterisiert? Was sind typische Wünsche und Erwartungen an das Leben? Welches sind die immer wiederkehrenden Belastungs- und Konfliktsituationen für Sie? Sind Sie häufig gestreßt? Welches sind die Streßsymptome, und wie gehen Sie damit um? Haben Sie bestimmte körperliche Beeinträchtigungen und Schwächen, die durch Krankheit, Verletzung hervorgerufen sind?

Vervollständigen Sie selbst die Bestandsaufnahme über den Ist-Zustand Ihres Körpers, indem Sie sich andere Fragen über Ihren Körper stellen.

»» Der Körper früher

Was können Sie über Ihren Körper in Kindheit und Jugend erzählen? Welches waren Ihre zentralen Erfahrungen und Eindrücke? Mit welchen Personen sind diese verbunden? Waren Sie häufig krank? Wurden Sie operiert? Wie ging es in Ihrer Familie zu, und wer spielte dabei welche Rolle? Wie haben Sie als Kind gespielt und sich körperlich ausgedrückt? Wie hat sich Ihr Körper mit dem Erwachsenwerden verändert? Gab es auch problematische Phasen, und in welchen Stimmungen konnten Sie sich jeweils körperlich leichter oder schwerer ausdrücken? Welches sind die Ursachen hierfür? Wie verlief Ihre körperliche und sexuelle Entwicklung in der Pubertät?

Es ist nicht wichtig, sich die Eindrücke aus dem Leben zusammenhängend oder gar chronologisch vorzustellen. Fühlen Sie sich ermutigt, durch die (innere) Befragung, **stimmungsvolle Eindrücke** über Ihre Körperentwicklung und Ihre lebensgeschichtliche Erfahrung zu entdecken!

»» Beobachtung durch einen Begleiter

Machen Sie die Übung im Beisein eines Partners oder einer Gruppe. Werden Sie beobachtet, so fragt Ihr Begleiter nur gelegentlich nach, um Sie anzuregen, sich weiterhin mit Ihrer Körpererfahrung und persönlichen Eindrücken zu befassen. Er verwickelt Sie auf keinen Fall in ein Gespräch.

Was registrieren Sie als Begleiter bei der Beobachtung des Körpers Ihres Gegenübers? Was fällt auf? Verändert sich während des Gesprächs die Körperhaltung, die Atmung? Schauen Sie sich an, während Sie reden? Während Sie üben? Wie reagiert Ihr Gegenüber körperlich, wenn die Situation angespannt ist? Was spürt Ihr Gegenüber, wenn es beobachtet wird?

Registrieren Sie die beobachteten und berichteten Eindrücke und Zusammenhänge! Wie geht es Ihnen selbst dabei, während Sie Ihren Partner betrachten? Welche Wirkung geht auf Sie über, und welche Impulse werden in Ihnen geweckt? Sind Sie dabei ruhig, angespannt oder erwartungsvoll? Fühlen Sie mit ihm, oder ist es Ihnen gar peinlich, Zeuge intimer Erlebnisse zu sein?

Von Angesicht zu Angesicht

Frau G., eine kreative, selbständig arbeitende, erfolgreiche Designerin, klagt über diverse körperliche Symptome, die (noch) keinen Krankheitsbefund darstellen. Sie erlebt sich in ihrem Lebensgefühl beeinträchtigt, spürt (noch) **undeutliche Wünsche und Sehnsüchte**: «Mamchmal möchte ich alles hinschmeißen und mich wie ein kleines Kind ankuscheln. Jemand anders soll alles für mich machen!»

Ich bitte Frau G. im Verlauf des Coaching, die Augen zu schließen und ihre **Sehnsuchtshaltung körperlich auszudrücken**, indem sie die Arme, die Hände so nach vorne streckt, als wollte sie sie zu jemanden ausstrecken. Zu einer Person, auf die sich die Wünsche und die Sehnsüchte richten.

Frau G. nimmt diese Körperhaltung ein. Sie beschreibt ihre Wünsche wortreich und erklärt sie. Die zuvor leicht gespürte Emotionalität, die bei ihren Worten mitschwingt, scheint wie verschwunden zu sein.

Als ich sie nach einer Weile bitte, **mich** in dieser Körperhaltung anzuschauen, fängt sie bitterlich an zu weinen.
Sie spürt ihre Einsamkeit, die sie seit ihrer Kindheit be-
gleitet. Eine Einsamkeit, die verbunden ist mit diffusen
Wünschen und der unendlich scheinenden Sehnsucht
des Kindes in ihrem Innern. Eine Einsamkeit, **die durch
eine überzeugende Selbständigkeit** überlagert ist. Ein
Teil der Anstrengung, ein Teil der innerlichen Zerrissen-
heit findet ihren Ausgang, ihr Ventil in den Körpersym-
ptomen. Die Verbindung von Körpererfahrung, das Erinnern, Einfühlen und der Augenkontakt, d. h. die
Beziehung zu mir, bringen den Erfahrungsprozeß auf
den Punkt, erst die bewußte Kontaktaufnahme mit einem emotional annehmenden Menschen öffnet die
Tiefe ihres Erlebens. (Die Kommunikative, siehe Kap. 4).

»» Die nächste Gesprächsübung

Sprechen Sie gemeinsam über die drei Aspekte. Teilen Sie
Ihrem Partner Ihre Beobachtung, Ihr Erleben und Ihre asso-
ziativen Phantasien mit. Wie reagiert er nun? Was tut sich körperlich? Wie atmet er? Was verändert sich im Körperausdruck?
Sicherlich rücken einige Dinge, mit denen Sie sich eingehender befassen wollen, in den Vordergrund. Versuchen Sie gemeinsam, ein plastisches Bild vom erlebten und ausgedrück-
ten Körper des Übenden zu bekommen. Dieses setzt sich aus
den beobachteten und erlebten Körperinformationen zusammen, den geweckten Gefühlen, den Eindrücken und Erinnerungen sowie der Wirkung auf den beobachtenden Begleiter.
In einem weiteren Schritt kann dieses plastische Bild ergänzt
werden durch das Gespräch über die Beziehung zueinander,
zwischen Übendem und Beobachtendem. Es ist nämlich so,
daß es für die meisten Menschen unüblich bis gar peinlich ist,

sich im Beisein eines anderen Menschen gewissermaßen öffentlich zu zeigen. Für viele ist ein solcher Austausch ein gewaltiger Streß!

Rücken einige Aspekte in den Vordergrund des Gesprächs, erscheinen sie als problematisch oder fühlen Sie sich zum weiteren Üben ermutigt, entscheiden Sie, womit Sie körperlich weiterarbeiten möchten, und üben Sie dann!

Auch wenn Sie sich im Gespräch an dem bioenergetischen Persönlichkeitsmodell orientieren, so möchte ich Sie bitten, sich hierdurch nicht vorschnell beeinflussen zu lassen. Üben Sie, und beginnen Sie während der Übungen, Ihre körperliche Befindlichkeit, Ihre Verspannungen, Ihre Streßsymptome so zu verändern, daß es Ihnen bessergeht. Nutzen Sie die Erkenntnisse aus der Lektüre des Kapitels über Körpersprache als **Erweiterung** Ihrer persönlichen Erfahrungen und Eindrücke.

Üben Sie! Atmen Sie! Spüren Sie die Körpersensationen, das Vibrieren usw.! Der Kopf wird dann von alleine frei!

Sie merken, daß in der bioenergetischen Arbeit **der Weg als das Ziel** einen breiten Raum einnimmt. Gewiß sind die Empfindungen und Informationen des Körpers während der Übungen interessant und wecken das Bedürfnis nach weiteren Übungen. Wenn Sie jedoch die Übungen, wie Sie es vom Sport her gewohnt sind, entsprechend einem vorgegebenen Übungsprogramm absolvieren, dann teilen Sie Ihren Körper und Ihre Person in gesunde und kranke, verspannte und nichtverspannte Teile auf. Schließlich erliegen Sie nach dem «Absolvieren des Programms» der Illusion, Ihrem Körper etwas Gutes angetan zu haben. Die **bioenergetische Körperarbeit** geht jedoch von dem Zusammenspiel von Körperempfindungen, Erleben und Verstehen und dem Wunsch nach weiterem Üben aus, um einen langen, differenzierten und emotional tiefgehenden Prozeß anzuregen. Eines der wesentlichen Ziele der Bioenergetik ist, diesen Prozeß in Bewegung zu halten, so daß der Körper sich zu einem lebendigen, d. h. **persönlich erlebten Körper** entfalten kann. Lebendig sein heißt dabei: Lust und Lebensfreude zu spüren, sich am schöpferischen Prozeß des Lebens im privaten und beruflichen Alltag so zu beteiligen, daß man nicht in einer Streßhaltung erstarrt.

Bioenergetisches Warming-up

Die Eingangsphase ist in der Körperarbeit sehr wichtig. Dehnen, Strecken, Belasten, Zittern und Vibration des Körpers wecken Körperempfindungen. Gleichzeitig ist dies ein erster Schritt der Selbst-Beobachtung, der Selbst-Einschätzung und -Diagnose.

Das Aufwärmen kann bis zu 45 Minuten dauern. Durch Lockerungs- und Anspannungsübungen wird der ganze Körper miteinbezogen. Unter Belastungsübungen bzw. durch das allmähliche Anheben des Belastungsniveaus im Warming-up wird die Spannung gesteigert und der Körper energetisch aufgeladen. Man spürt dies in der Regel unmittelbar. Man bewegt sich und vibriert, um die Spannung zu entladen. Jeder findet dabei Gelegenheit, die Empfindungen wahrzunehmen, zu fühlen und Assoziationen zu haben. Man bekommt einen Eindruck von sich, der eigenen Belastbarkeit, der Bereitschaft, einen bestimmten körperlichen Ausdruck mitzumachen. Man beginnt, seine Abwehrhaltungen, seinen inneren Widerstand und die körperliche Blockierung zu spüren.

»» Vertraut-Werden

Aufwärmen bedeutet: Lockerung des Körpers, Vertraut-Werden mit der Körperarbeit und assoziative Knüpfung von «Körperausdruck und Persönlichkeit».

Stützen Sie sich **anfangs** auf die Ihnen aus Sport und Gymnastik vertrauten Übungen, beginnen Sie aber zusehends, Ihr eigenes Programm zu finden, das Ihnen und Ihrer Befindlichkeit entspricht. Grundsätzlich ist es hilfreich, den Aufbau der Übungen so zu gestalten, daß man beim Fuß anfängt, bis man schließlich zum Kopf gelangt. Beginnen Sie also, Übungen für die Füße zu machen, für die Zehen, für die Knöchel, für die Beine, die Gelenke, um dann den Bauch- / Beckenraum einzubeziehen. Schließlich den Oberkörper, den Brustraum, die Arme, die Schultern, die Hände, die Finger, schließlich den Nacken, den Kopf und das Gesicht.

Durch das Bewegen der Beine soll der **Bodenkontakt gestärkt**, energetisch aufgeladen und geerdet werden. Vibrationen und Zittern sind spürbar. Die Einbeziehung von Bauch, Becken, Rumpf und Brustbereich verstärkt das Ich-Gefühl und die Tiefung einzelner Gefühle. Die Arbeit mit Armen, Händen und Fingern sowie den Schultern verhilft dazu, die eigenen Bedürfnisse, Bedürftigkeit zu spüren. Dies geschieht über die Erfahrung von Ermüdung, Belastung, Halten und Loslassen. Die Arbeit an Nacken, Kopf und Gesicht ermöglicht die Erfahrung der Verbindung / Trennung von Kopf und übrigem Körper. Man spürt die innere Kontrolle und den Wunsch, den Drang, seinen eigenen Willen durchzusetzen. Die Arbeit am Gesicht befreit vielfach, belustigt, entspannt, macht aber auch verlegen und vermittelt das Gefühl von Scham.

Die wechselnde Übung der unterschiedlichen Körperteile, Segmente wird an die Erdungsarbeit angeschlossen. So kann man mit den Füßen beginnen, um dann am Nacken zu arbeiten, zu den Knien zu gehen und dann zu den Schultern. Man bleibt nicht an einem Körpersegment, sondern arbeitet alternierend. So wird der **Körper** leichter «**in Unordnung**» gebracht, in Bewegung, in Verunsicherung. Die Energie wird mobilisiert!

»» Energie mobilisieren

Eine dritte direkte Form des Warming-up mit gleichzeitiger Energiemobilisierung ist das Bemühen, den **Körper überall aufzuladen:**

»» Ich möchte Sie bitten, einfach zu hopsen, auf einem Bein, auf beiden Beinen, abwechselnd, leicht oder kräftig oder gar mit aller Anstrengung, um so hoch wie möglich zu kommen. Klatschen Sie dabei in die Hände, machen Sie ein anderes Mal Fäuste, und schlagen Sie die Fäuste beim Runterkommen auf den Boden nach unten, sodass Sie Ihre Schultern merken. Hopsen Sie und tönen Sie.

Eine weitere Möglichkeit, den Körper zu mobilisieren, ist, im Liegen mit den Beinen und Armen gleichzeitig zu schlagen. Liegen Sie auf einer Matratze, können Sie dies mit aller Kraft tun, liegen Sie auf dem Boden, ist es ratsam, nur locker zu schlagen und mit den Füßen auf den Boden zu trampeln (Foto 1).

Sie merken, daß die Körperenergie mobilisiert wird, die Atmung vertieft. Gleichzeitig werden Gedanken und Gefühle geweckt. Sie fühlen sich aktiviert und lebendig.

Foto 1

Der Umstand, daß körperlich-energetische Probleme in der Regel **segmentartig** auftauchen, besagt zum einen, daß Schwierigkeiten, die an der Vorderseite des Körpers sind, auch an der Rückseite bzw. an der Seite des Körpers zu beobachten sind. Dehnen Sie zum Beispiel in der Bogenhaltung Ihren Körper nach hinten, ist es also erforderlich, immer wieder in die Gegenposition, die Entlastung der Wirbel im Elefanten zu gehen (Foto 2). Bei anderen Übungen achten Sie auf das Zusammenwirken der Vorder- und Rückseite.

Foto 2

Achten Sie während der Übungen und bei Ihrem persönlichen Übungsaufbau darauf, daß Sie nicht zuviel überschüssige Energie in den oberen Bereich des Körpers verlagern bzw. dort erhöhen, ohne die Möglichkeit der Entladung zu haben. Entladung kann im lauten Atmen, im Trampeln während des Liegens, im Vibrieren bei der «Elefantenübung» usw. da sein.

Wenn Sie bestimmte Schwierigkeiten mit bestimmten Übungen oder bestimmten Ausdrucksformen während einer Übung haben, kann dies ein Indiz für ein aufkommendes Problem sein, mit dem Sie sich sinnvollerweise eingehender beschäftigen müssen. Die Indikation für die Übungen kommt dann nicht durch ein «richtiges Trainingsprogramm», sondern aus Ihnen selbst. Berichtet jemand zum Beispiel von Schwindelgefühlen, von Schmerzen oder stark verdickten Extremitäten, so ist das ein Beleg dafür, daß **zuviel Energie vorhanden** und gebunden ist. Schmerzen die Beine, so hat man wahrscheinlich zu viel auf den Beinen gestanden und geübt. Gönnen Sie sich also eine Auszeit im Liegen oder im «Elefanten».

»» Phasenabfolge

Hier die **Phasenabfolge beim Warming-up** in Kurzform:

- Zu Anfang stehen Energiemobilisierung, Bewegung des Körpers und die Streßaktivierung im Vordergrund, um die Spannung des Körpers zu erhöhen.
- Die Streßaktivierung ist notwendige Voraussetzung, Bestandteil der Wahrnehmung und des körperlichen Erlebens. Es kommt zu Schmerzen, Verspannungen, Verunsicherung, zur Hemmung der aufkommenden Gefühle.
- Wird diese Empfindung, diese Blockierung als zu intensiv erlebt, so kann es dazu kommen, daß man die Situation abbricht und den Streß, die Belastung dadurch abzuwehren versucht, daß man sich bewußt in Ruhe und Entspannung begibt. Die Entspannung ist dann eine gewollte Entspannung, keine organismische.
- Werden die Spannungsmomente durch weitere Übungsarbeit intensiviert, kommt es zu ersten spontanen, autonomen und überraschenden Reaktionen. Die Spannung scheint umzukippen. Es erfolgt Streßentladung und Streßabfuhr und eine tiefe, erfrischende Ruhe.
- In einer nächsten Phase fühlt man sich versöhnt mit dem eigenen Streß, dem Streßerleben. Nicht selten fühlt man

sich von einer Last befreit, mit sich selbst und einem guten Lebensgefühl innerlich verbunden.

■ Wenn Sie sich in der Ruhephase Zeit nehmen, werden Sie die Ereignisse des heutigen Tages, die Erinnerungen an früher, die Reaktionen Ihres Körpers besser verstehen. Verstehen heißt hier, und das möchte ich betonen, Verantwortung für sich und seinen Alltag zu übernehmen.

»» Streß?

Machen Sie sich während eines letzten Schritts ein **inneres persönliches Bild** von sich, Ihrem Erleben und den Assoziationen. Setzen Sie sich mit Ihrem **Streßerleben** und Ihrer **persönlichen Streßhaltung**, Ihrem **Streßprofil** auseinander. Machen Sie sich klar, was Ihnen Druck macht, was Ihnen Streß verursacht, und beugen Sie Streß insoweit vor, als Sie nach Möglichkeiten suchen, in diesem Streßgeschehen neue Entscheidungen zu treffen. Im Streß selbst denkt man, man habe nur eingeschränkte Wahlmöglichkeiten. Wie ist es aber jetzt nach den bioenergetischen Übungen in der Ruhephase? Wenn Sie aus der Distanz, unter einem neuen Blickwinkel das Ihnen vertraute Streßgeschehen betrachten? **Wahlmöglichkeit als Streßprophylaxe** bedeutet: Befähigung des Körpers zur Regeneration, Stärkung der Persönlichkeit, verantwortungsvolles Auswählen und Entscheiden bzw. bewußtes Handeln, indem Einfluß genommen wird auf die streßauslösenden / verunsichernden Momente des Alltags.

Das Warming-up dient der Erhöhung der Spannung, des Belastungsniveaus, der Mobilisierung der Energie, der Verdichtung von Gedanken und Gefühlen. **Es ist aber keine Therapie.**

Ist durch das Warming-up genügend Energie, Spannung und Entspannung aufgebaut, ist es notwendig, sich die Körperempfindungen und den Erfahrungsprozeß innerlich vor

Augen zu führen. Dies erleichtert die Seele und schützt vor körperlicher Blockierung.

Die Übungen umfassen immer mindestens drei Aspekte:
- den praktisch-übenden
- den erlebenden
- den diagnostischen

Foto 3

Der **Bogen** ist ein hervorragendes diagnostisches Mittel, da er den Körper unter Anspannung bringt und so zu einer Mobilisierung der Energie führt. Die Art und Weise, wie der Bogen ausgeführt wird, gibt Aufschluß über zentrale körperlich-energetische Schwierigkeiten / Potentiale und Wesensmerkmale. Bioenergetische Körperarbeit heißt neben der Arbeit am und mit dem Körper auch Intensivierung der Wahrnehmung des Körpergefühls und das Gespräch über diese Erfahrung. Anfangs haben die meisten Schwierigkeiten, das zu schildern, was im Körper passiert, wie es zu Körperempfindungen kommt, was sie erleben oder woran sie denken. Einige schweigen, einige wissen nicht, ob das, was sie sagen möchten, hierhin gehört. Andere sind verlegen oder schämen sich.

»» Üben und Selbst-Ausdruck

Die Ermutigung, einmal über die Erlebnisse zu berichten, sich jemandem mitzuteilen, ist als Unterstützung des Selbst-Ausdrucks gedacht. Man gesteht sich die Regungen und Empfindungen des Körpers ein, auch wenn alles noch so seltsam anmutet. Für den Erfahrungsprozeß und die Gestaltung der bioenergetischen Körperarbeit ist dies jedoch hilfreich.

Daneben gibt es natürlich die Möglichkeit, die Erfahrungen niederzuschreiben, wenn Sie alleine üben. Lesen Sie einige Tage später Ihre Notizen. Fassen Sie sich nicht zu kurz. Bringen Sie das Wichtigste auf den Punkt und lesen Sie immer wieder mal nach.

Trotzdem werden Sie im Laufe der Zeit bestimmte Schwierigkeiten haben oder einen **inneren Widerstand** spüren, sich auf bestimmte Übungen einzulassen. Der Widerstand kann verschiedene Ursachen haben: Ablehnung bestimmter Gefühle, Spüren von unaushaltbaren emotionalen Konflikten, Bedürfnis, sich zu schützen usw.

Widerstand und körperliche Blockierung müssen nicht unbedingt zum Problem erhoben werden. Oft ist es gerade hilfreich, **sich im Widerstand zu erleben**. Man steht bewußt zu sich, grenzt sich eventuell von bestimmten Gedanken, einem Gegenüber, von bestimmten Gefühlen ab. Wenn das Erleben von Widerstand in regelmäßigen Abständen oder bei gewissen Erfahrungen auftaucht, kann es hilfreich sein, mit jemandem Vertrauten darüber zu sprechen.

»» Impulsvorgabe zur Selbstregulierung

Achten Sie beim Warming-up, auch bei den anderen Übungen, auf den Faktor Zeit, auf die Ruhephasen. Wiederholen Sie, wenn Ihnen eine gewisse Übung guttut oder Sie diese als wichtig erleben, diese mehrmals – mit einer Ruhephase dazwischen. Dieses tut Ihrem Körper gut, intensiviert das Erleben und aktiviert gleichzeitig die **neurophysiologische Selbstregulierung**. Die Wiederholung, das Verlangsamen, das Beschleunigen der zeitlichen Abstände und die Übungsabläufe wirken auf den Muskelapparat, die Atmung, den Stoffwechsel, die Herztätigkeit, aber vor allem auf die neurophysiologische Verknüpfung im Gehirn. Der Organismus erfährt sich für eine Weile in einem neuen Organisations- und Wirkungszusammenhang. An einer gewissen Stelle wird ein neuer Impuls in den Kreislauf eingefügt mit der Notwendigkeit, daß sich der ganze Organismus darauf einzustellen hat.

Und hier liegt einer der wesentlichen Vorteile der bioenergetischen Arbeit: Der Körper wird «ermutigt», sich neu zu gestalten, indem Raum gegeben wird für (halb-)autonome Körperreaktionen, für organismische Selbstregulierung, neurophysiologische Verknüpfungen und für Gefühle sowie das Verstehen der lebensgeschichtlichen Prägung des Körpers.

Ein neuer und zentraler Gedanke in bezug auf die Streßbewältigung ist, daß der Mensch die körperlichen Vorgänge nicht nur erlebt und übt, sondern sie auch versteht und auf sein aktuelles Leben beziehen lernt. So, daß er sich neu entscheiden kann, so, daß es ihm bessergeht.

Streßbewältigung ist keine Erfindung der Bioenergetik und bedeutet: sich für sein Wohlergehen zu entscheiden, Verantwortung für sich zu übernehmen, sei es privat oder im beruflichen Alltag.

Übung und Streß

Die Bioenergetik hilft, den Körper zu spüren, die eigene Vitalität auszudrücken und als Reservoir von Kraft und Lebensfreude zu nutzen. Das Eigentümliche bei Streß ist, daß die Wahrnehmungsfähigkeit und die Möglichkeit des gestalterischen, persönlichen Ausdrucks eingeschränkt sind. Genauso ist es bei den **bioenergetischen Streßübungen**. Als ein wesentlicher Unterschied zum Streßerleben im Alltag, das eher durch Mühe, Schmerz, Vermeidung, Blockierung und Abwehr gekennzeichnet ist, geht es bei den bioenergetischen Streßpositionen darum, halb-autonome Körperreaktionen zu wecken und die Entladungsprozesse im Körper zu unterstützen. Letzteres geschieht durch die Ermutigung, sich im wahrsten Sinne des Wortes Luft zu machen, wenn es anstrengend wird.

Die bioenergetischen Übungen helfen, das **Wechselspiel von Lebendigkeit und Widerstand** zu erleben, körperliche Blockierungen zu entdecken, mit ihnen vertraut zu werden und durch die Aktivierung halb-autonomer Körperreaktionen aufzulösen.

»» Stellen Sie sich in die Grundstellung. Die Füße sind ca. 25 cm parallel auseinander, die Beine leicht gebeugt. Legen Sie die Fäuste auf den oberen Beckenrand und schieben Sie das Becken leicht nach vorne, so daß der Körper wie ein Bogen gespannt ist. Der Kopf bleibt aufrecht. Augen und Mund sind geöffnet. Verweilen Sie in dieser Haltung und erleben Sie, wie der Körper sich allmählich verspannt. Sie werden sich jetzt jeweils an ganz unterschiedlicher Stelle im Körper wohl oder unwohl fühlen, Zittern oder Blockierungen spüren. Oft werden einzelne Muskelpartien verspannt, es tauchen Schmerzen auf, die Atmung wird gehemmt oder eingeschränkt. Unter Umständen spüren Sie einen persönlichen Widerstand, überhaupt in dieser Haltung zu bleiben.

Bleiben Sie etwas länger in dieser Bogenhaltung (drei bis fünf Atemzüge), als Sie möchten. Was passiert dann im Körper? Woran denken Sie? Wie fühlen Sie sich?

Beugen Sie sich nach vorne, so daß Oberkörper, Schultern, Arme und Kopf aushängen können. Die Finger berühren den Boden zwecks Balance. Die Knie sind leicht gebeugt. Bleiben Sie in dieser Haltung, auch wenn die Spannung größer wird. Kommen Sie dann langsam Wirbel für Wirbel wieder hoch. Nehmen Sie sich acht bis zehn Atemzüge Zeit dafür.

Wie war diese Erfahrung für Sie? Nehmen Sie diese Übungen als eine Möglichkeit, den eigenen Körper unter Belastung, unter Streß zu erleben. Als eine Chance, das Spannungsverhältnis, das Wechselspiel zwischen Vitalität und Widerstand zu spüren. Beides ist berechtigt. Vitalität zeigt Ihnen Ihre Kraft, Wege verfolgen und entwickeln zu können, sich zu entfalten, sich auszudrücken, zu genießen und innerlich loszulassen. Der Widerstand ist sowohl Reaktion auf die ansteigende Belastung als auch Schutzmechanismus, um sich dem Streß nicht zu stark aussetzen zu müssen und rechtzeitig abzubrechen. Sie werden im Laufe des Buches mehr über die Hintergründe Ihrer eigenen Vitalität und der Widerstände erfahren.

In der Bioenergetik wird viel mit Streßpositionen und Energiemobilisierung gearbeitet. Der **Bogen** und die **Elefantenhaltung** als die beiden wohl typischsten bioenergetischen Streßpositionen veranschaulichen die wesentlichen Wirkungsprinzipien bioenergetischer Arbeit. Diese lauten wie folgt:

■ Erhöhung der Spannung
■ Verdichtung der Erfahrung des Erlebens
■ Mittel zur Selbsteinschätzung und Diagnose

- Entwicklung von Impulsen zur Aktivierung des Körpers
- Anregung zum Wechsel von einer Ebene zur anderen
  Körpergefühl, Gedanken, Atmung, Beziehung)
- Erfahrung persönlicher Grenzen
- Einüben von Entscheidungsverhalten.

Beginn der praktischen Arbeit
» »   Bioenergetische Grundübungen

»»   Stellen Sie die Füße ca. 25 cm parallel auseinander, beugen Sie leicht die Knie, legen Sie die Fäuste auf den hinteren Beckenrand und drücken Sie Ihr Becken etwas nach vorne, sodass der Körper von den Schultergelenken bis zum Knöchel einen Bogen macht. Der Kopf ist aufrecht, der Mund und die Augen leicht geöffnet. Bleiben Sie in dieser Haltung ca. 10 bis 15 Atemzüge und beobachten Sie die Reaktion Ihres Körpers. Wie stehen Sie, wie atmen Sie, wo tauchen Verspannungen auf, wie geht es Ihnen?

Beugen Sie dann ganz vorsichtig, langsam den Oberkörper nach vorne, sodass er zusammen mit den Schultern, den Armen und dem Kopf nach vorne hängen kann. Die Fingerspitzen berühren den Boden, die Beine sind leicht gebeugt. Das Gewicht liegt auf dem ganzen Fuß. Was passiert in Ihrem Körper? Wie ist Ihre Stimmung? Können Sie spontan zulassen, was in Ihnen geschieht? Vermeiden Sie aber eine vorschnelle Analyse der Körperempfindungen, der Erinnerungen (Foto 4).

Sie merken sicher, daß diese beiden Übungen schnell sehr anstrengend werden können. Der ganze Körper ist von den Fußsohlen bis zu den Haarspitzen unter Spannung gesetzt. Einige Körperbereiche werden schmerzen, oder Sie spüren Verspannungen, eine Beeinträchtigung der Atmung oder Gefühle wie

Foto 4

Angst, Ärger. Dies wird Ihnen in den bioenergetischen Übungen oft passieren. Einige Körpersegmente werden verspannt sein, kribbeln, schmerzen oder warm werden und sich entspannen. An anderer Stelle werden Sie Vibrationen, Zittern spüren oder sich befreit erleben. Die bioenergetischen Übungen berühren unterschiedliche Ebenen in Ihrer Persönlichkeit: Körperempfindungen, Atmung, Erinnerungen, innere Bilder, mentale Programme usw.

Üben Sie, nehmen Sie wahr, was in Ihnen passiert, erlauben Sie sich, die Dinge «so anzunehmen, wie sie auftauchen», und orientieren Sie sich bei der **Auswahl der Übungen** immer an Ihrer **eigenen Entscheidung, Ihrer Befindlichkeit**. Die Bioenergetik kann Ihnen nur einen Übungsrahmen vorgeben, damit Sie gezielter und wirkungsvoller Ihre persönlichen Erfahrungen machen können. Letztendlich kommt es aber auf **Sie** an!

Bioenergetik und Grounding

Bevor ich Sie weiter mit Ihrem Körper vertraut mache, möchte ich Ihnen das von Lowen entwickelte bioenergetische Konzept des Grounding («Erden», «festen Grund fassen») skizzieren. Das Grounding ist wesentlicher Ausdruck des menschlichen Erlebens, indem es das **Erregungsgeschehen im Menschen mit dem Körper, der Sexualität, der Erde**, d. h. im wesentlichen mit der äußeren Realität, **verbindet**. Der Mensch kann beim «Erden» überschüssige Erregung und Spannung entladen, sich selbst zum Ausdruck bringen. Die nach unten gerichtete bioenergetische Arbeit (das «Erden») wird als gefühlsmäßige Abwärtsbewegung in Form von Angst erlebt. Beim Herunterkommen empfinden die meisten Menschen eine Furcht vor dem Fallen, die gewöhnlich unterdrückt wird. Diese Angst gehört zu den am tiefsten verwurzelten Ängsten des Menschen. Außerdem steigert das Vibrieren in den Beinen beim Entladen Empfindung und Gefühl. Der Mensch fühlt den Kontakt zu sich, erlebt mehr Sicherheit über seinen Stand auf dem Boden, der Wirklichkeit und seiner Balance in der Welt. Er weiß, wo und wie er steht und wer er ist.

Viele stehen unsicher auf den eigenen Beinen, da sie Angst haben, alleine zu stehen. Der erwachsene Mensch steht zunächst alleine in der Welt, obwohl er stets auf andere bezogen ist. Dieses Alleinsein oder die Individualität in ihrer Wesensmäßigkeit kennzeichnet u. a. die Realität des Daseins. Der Mensch verharrt oft in der Angst, da er Selbständigkeit mit Alleinsein und Verlassenheit verwechselt. Problemhafte, eingrenzende Partnerbeziehungen stellen dann eine Krücke dar. Der einzelne klammert sich aus Angst vor dem Alleinsein an den anderen und zerstört hierdurch gerade den fruchtbaren konflikthaften Dialog. Würde er weniger verkrampft die Beziehung sehen, um sich auf die eigenen Beine zu stellen, müßte er erleben, daß die Beziehung sich oft bessert und er mit einem geringeren Ausmaß an Angst in der Welt bestehen kann.

»» Zurück zur Praxis:

Zurück zum praktischen Teil! Im folgenden soll Ihr Augenmerk auf Ihren Körper, auf Ihre Körpererfahrung hier und jetzt gelenkt werden, um Ihr Erleben zu vertiefen und Ihre Energie zu mobilisieren.

»» Gehen Sie in die Grundstellung: Stellen Sie die Füße ca. hüftbreit auseinander. Die Füße sind parallel. Beugen Sie die Knie. Und beginnen Sie dann zu hopsen. Lassen Sie die Schultern locker und atmen Sie durch den geöffneten Mund aus. Wie erleben Sie Ihre Bewegungen? Schließen Sie Ihren Mund und atmen Sie durch die Nase. Wie ist Ihre Stimmung jetzt dabei? Vielleicht fühlen Sie sich leicht, schwer, scheu oder belustigt. Nehmen Sie sich Zeit, sich zu spüren. Legen Sie – vielleicht in der Grundstellung – eine Ruhepause ein.

Hopsen Sie jetzt höher und greifen Sie abwechselnd mal mit der rechten, mal mit der linken Hand nach oben in die Luft, so als wollten Sie einen schönen, hoch hängenden Apfel greifen. Hopsen Sie weiter und versuchen Sie, noch etwas höher zu greifen. Was bemerken Sie im Körper dabei?

Beugen Sie Ihre Knie etwas stärker und lassen Sie Ihre Füße ganz langsam von der einen Außenkante zur anderen Außenkante rollen. Achten Sie darauf, daß nur die parallel stehenden Füße sich bewegen und die Bewegung in den Knöcheln spürbar ist. Der restliche Körper bleibt ruhig. Führen Sie die Bewegung wie in einer Zeitlupe aus, so daß die Dehnung tiefer wirken kann und Sie selbst stärker den Knöchel fühlen.

Halten Sie mit der Bewegung inne und fühlen Sie die Füße und die Knöchel, um dann nach einer Weile die Seitwärtsbewegung zu wiederholen. Achten Sie nach den Übungen jeweils auf die Ruhephase, so daß Sie die Nachwirkung im Körper registrieren können.

Foto 5

Hatten Sie Schmerzen während der Übung? Wie war Ihre Atmung dabei – ist sie bei der Anstrengung tiefer geworden? Und waren Sie in der Lage, nur die Füße zu bewegen und nicht doch den Rumpf, den Kopf oder das Becken? Die «praktische Anatomie» ist gar nicht so einfach! Denn wenn Sie die Füße bewegen sollen und die Schultern hochheben, haben Sie ein Problem! Üben Sie weiter und das Problem verschwindet.

»» Sie stehen jetzt wieder in der Grundstellung. Die Knie sind leicht gebeugt (die gebeugten Knie bieten die Voraussetzung, daß die untere Hälfte des Körpers locker und entspannt werden kann, daß nämlich halb-autonome Reaktionen auftreten können). Drücken Sie nun Ihr Gewicht auf die Innenkanten der Fußsohlen und halten Sie den Druck vier bis sechs Atemzüge lang an. Drücken Sie so, als wollten Sie den Teppich, auf dem Sie stehen, zusammenschieben. Führen Sie diese Übung zwei-, dreimal mit einer Pause von sechs bis zehn Atemzügen durch. Spüren Sie dabei, wie die Innenseiten der Oberschenkel vibrieren, wie die Spannung in die Pobacken geht und Ihre Erleichterung beim Entspannen die Beine erfüllt.

Drücken Sie nun auf die Außenkanten der Füße, so als wollten Sie den Teppichboden auseinanderreißen. Halten Sie den Druck vier bis sechs Atemzüge lang, machen Sie wieder eine Pause zwischen den Übungen von sechs bis zehn Atemzügen.

Spüren Sie, wie sich die Beine unter großer Anstrengung und beim Loslassen in der Entspannung anfühlen. Registrieren Sie die Körperempfindungen, die Art, wie sich die Atembewegung fortsetzt. Registrieren Sie, ob Sie an anderer Stelle im Körper mit Ihrer Kraft gegensteuern. Wie ist Ihre Stimmung dabei? Verweilen Sie einige Atemzüge lang in der Grundstellung und spüren Sie das – hoffentlich – beginnende **Zittern** und **Vibrieren**. Auch wenn Sie die Beine durchdrücken wollen, lassen Sie sie angewinkelt und atmen Sie weiterhin durch den geöffneten Mund. Spüren Sie das Ein- und Ausatmen – die Pause, ohne die Atmung im einzelnen zu beeinflussen.

»» Heben Sie nun die Arme hoch, strecken Sie die Hände aus und reiben Sie die Handflächen aneinander, so als wollten Sie quirlen. Atmen Sie laut und tief, sobald es anstrengend wird, aber registrieren Sie auch, wenn der Mund wieder zugeht, die Spannung in den Schultern größer wird, das Zwerchfell sich verspannt. Quirlen Sie länger!

Sie werden merken, daß es gar nicht so einfach ist, bei den Übungen weiterhin fließend zu atmen. Die Intensität der Atmung, die bei wachsender Anstrengung zu einer lauten Atmung führt, geht nur, wenn der Mund geöffnet ist. Also Mund auf, Kiefer locker!

»» Reiben Sie Ihre Hände ruhig weiter gegeneinander. Vielleicht beginnen die Oberarme zu brennen. Oder Ihre Arme werden müde. Lassen Sie dann die Schultern wieder heruntersinken und vergessen Sie nicht, bewußt laut zu atmen. Lassen Sie die Anstrengung durch Ihr lautes Ausatmen nach außen dringen. Im Laufe der Zeit werden Sie gewiß Erleichterung spüren. Machen Sie die Übung etwas länger, als Sie möchten, und spüren Sie den Grenzbereich Ihres Erlebens in dem Körpersegment, mit dem Sie sich gerade beschäftigen.

Was geschieht, wenn Sie diesen Grenzbereich berühren, indem Sie die Übung drei bis fünf Atemzüge länger durchführen, als Sie eigentlich möchten. Wird es schwerer? Leichter? Was passiert an anderer Stelle im Körper? Was löst das Gefühl von Erschöpfung, Ermüdung, Schmerzen bei Ihnen aus und wie gehen Sie damit im Alltag um? Sobald Sie aufgehört haben, lassen Sie die Arme einfach hängen und fühlen Sie Ihre Hände, Arme, Schultern, Ihre Atmung und auch die Art, wie Sie stehen. Genießen Sie die plötzliche Erholung des Körpers, das Kribbeln, das Strömen in den Armen.

»» Beugen Sie wieder leicht Ihre Knie, drehen Sie den Kopf ganz langsam – wie in Zeitlupe – in einer Kreisbewegung über die Schulter nach hinten und über die andere Schulter nach vorne. Vermeiden Sie Anstrengung, ruckartige und wippende Bewegungen. Spüren Sie, wie der Kopf ganz langsam rollt. Spüren Sie auch den Nacken und eine möglicherweise bremsende Gegenkraft dort. Lassen Sie auf jeden Fall die Schultern hängen und den Mund etwas geöffnet. In der Regel fällt es schwer, solch langsame Bewegungen durchzuführen. Man will sich schneller bewegen und spüren, mitdenken, und man fragt sich, was alles im Körper passieren kann, und will dabei noch alles gründlich durchdenken.

Bewegen Sie den Kopf langsam in die Gegenrichtung und spüren Sie wieder, wie die Bewegung, die Atmung sich verändern. Steuern Sie an anderer Stelle dagegen, indem Sie die Schultern anheben, die Arme anspannen oder den Bauch einziehen?

Halten Sie den Kopf aufrecht, spüren Sie Ihren Nacken, den Hals, und führen Sie die Drehbewegung ein weiteres Mal durch.

Lassen Sie den Kopf nach vorne hängen, spüren Sie Ihren Nacken, Ihre Atmung und achten Sie darauf, daß die Knie leicht gebeugt sind. Nach einer Weile legen Sie die Hände auf den Hinterkopf, so daß das Gewicht der Arme den Kopf leicht nach unten zieht. Lassen Sie es auf dem Hinterkopf ruhen. Vermeiden Sie das Wippen Ihrer Arme. Spüren Sie die Dehnung im Nacken, in der Schädelbasisgegend, ohne den Kopf runterzudrücken.

Was passiert im Körper, sobald leichte Vibrationen in den Beinen spürbar werden und der Kopf durch das Gewicht nach unten gehalten wird? Wahrscheinlich werden Sie flacher atmen, gelegentlich ganz tief, wie bei einem Seuf-

zer. Bleiben Sie in dieser Haltung ca. acht bis zehn Atemzüge lang. Lassen Sie die Arme dann los, aber den Kopf
weiter hängen. Spüren Sie jetzt Ihren Kopf, den Nacken,
den Hals und genießen Sie das Gefühl von Leichtigkeit
und Erlösung. Heben Sie den Kopf ganz langsam (sechs
bis acht Atemzüge) wieder hoch und lassen Sie ihn dann
nach hinten fallen. Augen und Mund bleiben geöffnet.
Schauen Sie an die Decke und atmen Sie durch den geöffneten Mund.

Foto 6

Oft ist es so, daß der Mund geschlossen gehalten wird. Lassen Sie Ihren Unterkiefer hängen, so daß der Sauerstoff durch den Mund hinausströmen kann. Es kann Sie ja sowieso jetzt keiner sehen. Bewegen Sie ganz langsam, aber kraftvoll den Unterkiefer in alle Richtungen. Lassen Sie den Kopf nach hinten hängen. Wie empfinden Sie diese Bewegung? Wie kommen Sie sich jetzt vor? Können Sie weiterhin Ihre Balance halten und die Vibration in den Beinen zulassen?

Halten Sie Ihren Unterkiefer locker und ruhig. Fühlen Sie. Was löst diese Erfahrung in Ihnen aus? Welchen Lauf nehmen Ihre Gedanken? Oder verspüren Sie den Wunsch, nicht mehr denken zu wollen?

Wiederholen Sie jetzt die Übung, verbinden Sie diese mit Geräuschen und lautem Atmen. Lassen Sie die Geräusche der Bewegung des Kiefers folgen. Nach ca. 20 bis 30 Atemzügen können Sie den Kopf nach einer kleinen Ruhepause wieder ganz langsam heben, so daß er aufrecht auf den Schultern sitzt. Spüren Sie die Kehle, den Hals, Nacken, Schulteransatz, Mundinnenraum und Ihr Gesicht. Sicherlich ist Ihre Atmung lockerer und voller. Spannend ist es, wenn die Laute, die Bewegung und das Zittern in den Beinen sich für Momente im Körper vereinen. Einige fühlen sich durchströmt, andere locker, andere erleichtert. Manche werden ängstlich, spüren dennoch ihren Körper mit voller Intensität.

Erinnern sie sich an dieser Stelle an Ihren Alltag. Welche Assoziationen kommen Ihnen in dieser Situation? Wie klingt Ihre Stimme? Wie koordiniert sind Ihre Laute und Geräusche mit der Atmung? Wie oft haben Sie Nacken- und Kopfschmerzen? Spüren Sie aber auch den Unterschied von alltäglichen Erfahrungen und denen während der Übungen.

»» Beugen Sie sich nach vorne rüber in die Elefantenstellung. Die Fingerspitzen sind zwecks Balance am Boden. Das Gewicht bleibt auf den Füßen. Spüren Sie, wie leicht oder wie schwer es ist, den Kopf hängen zu lassen und den Nacken zu lockern. Wahrscheinlich wird Ihr Kopf immer wieder hochkommen wollen. Ihr Nacken wird fest. Nicken Sie mehrmals mit dem Kopf, nicken Sie mehrmals mit einer Ja-Bewegung, schütteln Sie den Kopf anschließend in einer Nein-Bewegung. Wechseln Sie diese Bewegungen ein paarmal ab, ohne diese aber heftig zu machen. Lassen Sie den Kopf dann hängen und spüren Sie Ihren aufgelockerten Nacken. Wie fühlen sich Ihre Beine jetzt an? Wie ist Ihre Atmung? Schmerzt der untere Rücken? Lassen Sie die Fingerspitzen am Boden und drücken Sie vorsichtig langsam die Knie weiter durch, so daß mehr Spannung in den Beinen spürbar wird. Atmen Sie dabei tiefer in den Bauch, so daß dieser sich wie ein Ballon aufblähen kann. Lassen Sie den Kopf und den Oberkörper hängen, atmen Sie noch einige Male und kommen Sie langsam in den Stand zurück und spüren Sie nach.

Manche spüren im «Elefanten» ein stärkeres Kribbeln in den Füßen, in den Waden einen Druck, als wollten die Beine platzen. Dies ist nicht gefährlich. Wenn es Ihnen zu ungemütlich wird, kommen Sie langsam hoch und spüren Sie nach. Die Energie kann sich von den Beinen in den ganzen Körper verteilen. Wie ist Ihre Energie und Tatkraft jetzt nach der Übung, wie Ihr Körpergefühl und die freigesetzten Impulse? Oder spüren Sie Schwäche und Erschöpfung nach der Anstrengung?

»» Nehmen Sie jetzt liegend die Grundstellung ein: Legen Sie sich auf den Boden, auf eine Decke, schließen Sie die Augen, öffnen Sie leicht den Mund und stützen Sie die

Füße auf, so daß die Knie angewinkelt sind. Nehmen Sie sich nach dieser längeren Übungssequenz einfach mal Zeit, Zeit für sich, zum Empfinden, zum Loslassen, zur Ruhe und zum lockeren Gedankenfluß.

Wie fühlt sich Ihr Körper im Liegen an? Wie ist die Berührung mit dem Boden? Können Sie Ihre Augen geschlossen halten und die Gedanken vorbeiziehen lassen? Oder sind Sie mit bestimmten Dingen immer noch so sehr beschäftigt, daß Sie gar nicht innerlich loslassen können? Was haben Sie in Ihrem Körper erfahren? Waren Sie verspannt? Wo locker? Wo hat es geschmerzt? Was hat Sie vielleicht überrascht, verunsichert oder geängstigt? Nehmen Sie sich einfach Zeit, Ihren Körper wahrzunehmen und zu registrieren, was in Ihnen passiert.

Wie bekommt Ihnen die Ruhe, wenn Sie nichts tun müssen und nichts passiert? Ist es leicht oder fällt es Ihnen schwer? Möchten Sie am liebsten wieder aktiv sein, aufstehen und etwas unternehmen, so wie sonst? Oder sind Sie glücklich, endlich einmal Zeit für sich selbst zu haben? Sind Sie in Ihrem Alltag eher aktiv und immer am Ball oder eher passiv, zurückgezogen und vielleicht niedergedrückt?

Wenn Sie die Übung alleine machen, setzen Sie sich hin und schreiben Sie sich auf, was bei der Körpererfahrung und bei dem Erleben Ihrer Stimmung wichtig war.

Kreisläufe und Wirkungszusammenhänge

Der Organismus ist eine vielschichtige Einheit unvorstellbarer komplexer Verbindungen. Gleichzeitig lassen sich bestimmte körpereigene Kreislaufprozesse erfassen und identifizieren und gezielt üben.

Die Bioenergetik ist ein einzigartiges Verstehens- und Handlungsmodell, um die Aktivierung des Körpers und das

Verstehen des Körpers miteinander zu kombinieren. Bioenergetik heißt auch, das aktive gezielte Beeinflussen bestimmter Kreisläufe, bestimmter Regelungsprozesse. Sie setzt immer die persönliche / körperliche Entscheidung für die Belange des eigenen Organismus und die persönliche Befindlichkeit voraus. Die Kreisläufe sind körperintern und körperextern (ich und mein Körper). Letztere wirken auf andere Menschen und sind immer ein Beziehungsgeschehen (Körper in bezug auf Körper).

»» Atmung und Bewegung

Das Energieniveau des menschlichen Organismus wird durch die Atmung aufgebaut. Der Wechsel von Ein-, Ausatmen und Pause basiert zu einem großen Teil auf Muskeltätigkeit, Bewegung, Aktivität. Art und Umfang der Atmung und des Muskelgeschehens stehen dabei in einer engen Wechselbeziehung zueinander.

Die Atmung als Ausdruck von Lebendigkeit wird durch die Muskel- und Körperbewegung erst spürbar. Bewegung wiederum gibt Atemimpulse. Der Kreislauf von Atmung – Bewegung – Atmung korrespondiert als zentraler körperinterner Regelmechanismus mit anderen.

Das Wecken der diesem Kreislauf innewohnenden Kräfte bewirkt:

- das Freisetzen organismischer Impulse
- die Verstärkung halb-autonomer Körperreaktionen; diese werden spürbar und sichtbar
- die Mobilisierung des persönlichen, individuell unterschiedlichen Atemmusters
- das Zusammenspiel der verschiedenen Ebenen: Erinnerungen, Gefühl, Körper usw.
- eine Beruhigung des Körpers

Sie können Atemübungen alleine oder zu zweit durchführen. Versuchen Sie zunächst, Ihre eigene Atmung und Ihren Atemrhythmus wahrzunehmen. Wie geht Ihre Einatmung und Ausatmung? Achten Sie auf das Tempo Ihrer Atmung, die Tiefe der Atmung und die Ausdehnung der Atembewegung. Bewegen Sie dann entsprechend Ihres Ein- und Ausatmens bestimmte Körperteile. Die Atmung gibt dabei die Bewegung an. Sie können nach Ihrem eigenen Empfinden die zu übenden Körperteile auswählen. Entweder möchten Sie spezifische Verspannungen lösen oder die Wachsamkeit für bestimmte Körperbereiche unterstützen.

»» Stellen Sie sich in die bioenergetische Grundstellung. Spüren Sie Ihre Atmung, die Ein- und Ausatmung und bewegen Sie entsprechend dem Ein- und Ausatmen Ihre Schultern nach oben und wieder nach unten. Bei der Einatmung heben Sie die Schultern und bei der Ausatmung lassen Sie sie langsam sinken. Achten Sie darauf, daß Sie sich an Ihrer Atmung orientieren, die Bewegung nicht zu stark, nicht zu schnell werden lassen und das Atemmuster selbst **nicht** beeinflussen. Führen Sie diese Bewegung eine Weile durch und spüren Sie die Körperempfindungen, Ihr Gefühl und Ihre Stimmung.

Wählen Sie als Variation einen anderen Körperbereich und üben Sie im Stehen, im Liegen oder im Sitzen. Koppeln Sie jeweils die Bewegung mit Ihrem Atemrhythmus. Probieren Sie als Variation die sukzessiv aufgebaute, schließlich gleichzeitige Bewegung zweier oder dreier Körperbereiche entsprechend der Ein- und Ausatmung. Bauen Sie z. B. die Atembewegung des ganzen Körpers im Stehen auf, indem Sie bei der Einatmung das Becken leicht nach hinten kippen und bei der Ausatmung wieder nach vorne bringen. In einer weiteren Phase des Übungsverlaufs nehmen Sie bei der Einatmung Becken und Schultern nach hinten und bei der Ausatmung wieder nach vorne. Beugen Sie in einem weiteren Schritt Ihre Wirbelsäule zu einem leichten Hohlkreuz bei gleichzeitiger Bewegung von Becken und Schultern, um die Wirbelsäule bei der Ausatmung in einen leichten Rundrücken zu bringen, Schultern und Becken dabei nach vorne.

In einem weiteren Schritt kippen Sie bei der Einatmung gleichzeitig den Kopf leicht nach hinten und bei der Ausatmung leicht nach vorne.

Nach einigen Atemzügen öffnen Sie dann bei der Einatmung gleichzeitig den Mund und schließen Sie ihn bei der Ausatmung, um dann wiederum nach einiger Zeit bei der Einatmung die Augen weit zu öffnen und die Augen bei der Ausatmung zu schließen.

Schließlich können Sie bei der Einatmung gleichzeitig die Knie leicht beugen, um sie bei der Ausatmung wieder in die Ausgangsposition zu bringen.

Ihrem kreativen Übungsprozeß und Ihrem persönlichen Empfinden sind keine Grenzen gesetzt. Wenn Sie alles nicht sofort auf die Reihe kriegen, wenn Sie sozusagen aus dem Atmungs-Bewegungs-Takt kommen, schmunzeln Sie über sich, anstatt verbissen den Takt zu halten.

Wollen Sie die Übung zu zweit machen, so bewegt der Begleiter Ihren Körper. Legen Sie sich z. B. auf den Rücken. Der Begleiter hebt beispielsweise bei der Einatmung Ihren linken Arm oder Ihre Hand oder Ihren Unterschenkel, um ihn mit der Ausatmung wieder sinken zu lassen. Die Atmung leitet immer die Bewegung an!

Auch hier ist Ihrem persönlichen Erleben breiter Raum gegeben. Sie können bestimmten Beschwerden gezielt in einem Körperbereich entgegenwirken, indem Sie speziell mit diesem arbeiten. Oder aber Sie können grundsätzlich auf die Verbesserung der allgemeinen Befindlichkeit abzielen, indem Sie sich an dem orientieren, was Ihnen im Moment guttut.

»» Lautes Atmen

Nachdem die Wechselwirkung von Atmung und Bewegung näher erläutert ist, soll der Kreislauf durch den Aspekt von Stimme und Tönen erweitert werden. Die Atmung stimuliert die Stimmbänder. Hierdurch entstehen ganz leise bis laute Geräusche. Es ist nun so, daß erhöhte Bewegung und erhöhte Anstrengung die Lautentwicklung intensivieren. Im Idealfall wachsen da Stimmvolumen und die Lautstärke entsprechend der Anstrengung bei der Übung. Erfahrungsgemäß sind die Geräuschentwicklung, die Lockerung der Stimme und das Tönen für die meisten schwer zu bewirken. Zu Anfang erlebt man bei anstrengenden Übungen, daß die Atmung flacher und die Stimme leiser wird. Vielfach bleibt der Mund einfach geschlossen, die Zähne aufeinandergebissen. Es scheint, als hätten einige Angst, als fänden andere es angemessen, leise bleiben zu wollen. Andere wiederum schämen sich, sich durch ihre Stimme öffentlich zu machen.

Das Tönen und die Geräuschentwicklung bei der Atmung ermöglichen einen einzigartigen **Zugang zu inneren Körperempfindungen**, bieten gleichzeitig die Chance, den Atemraum in seinem vollen Volumen zu erleben und die Sensibilisierung für die inneren Schwingungen zu verbessern.

Und auch dieser Kreislauf ist mit Gefühlen, mit Gedanken, mit Erinnerungen an Kindheitssituationen, an kindliches Schreien, an Gewalt, an Angst, an Sexualität verknüpft. Nicht selten sagen Teilnehmer in einer Gruppe: «Das hört sich ja an, als würde jemand sterben» oder «als würde jemand einen Orgasmus erleben.»

Atmung, Geräuschentwicklung und Tönen dienen:

- der Einbeziehung des Kopfes in körperliche Prozesse
- der Entladung energetischer Kräfte und körperlicher Anstrengung
- der eindeutigen Bezugnahme und Wirkung auf andere
- der (Er-)Lösung starker innerer Spannungen
- der erweiterten Körperempfindung und Sinneserfahrung
- der Neuorganisation im Organismus durch Vibration im Kopf

»» Legen Sie sich auf den Rücken. Die Knie werden angewinkelt oder auf eine Deckenrolle gelegt. Die Augen sind geschlossen. Tönen Sie beim Ausatmen, ohne diese stark zu beeinflussen, mit dem Vokal «a». Fühlen Sie Ihren Körper. Was passiert? Wo erleben Sie die Resonanz im Körper, wo ist das «a» in Ihrem Körper? Legen Sie eine Hand auf diese Stelle und spüren Sie die Resonanz unter Ihrer Hand.

Verfahren Sie ähnlich mit den anderen Vokalen. Orten Sie jeweils die Vokale im Körper, indem Sie die Hand dorthin legen. Spüren Sie die Änderung Ihrer Stimmung und mit der Hand die Resonanz Ihres Körpers.

Verbinden Sie die unterschiedlichen Vokale mit verschiedenen Stimmungen? Ist Ihnen eine dieser Stimmungen eher vertraut, hat eine andere Sie überrascht?

Achten Sie darauf, daß Sie nicht zu tief und zu heftig atmen, und verhindern Sie, daß Sie sich in das Tönen hineinsteigern. Gestatten Sie Ihrem Kopf, hörbarer Resonanzraum zu sein, so als könnte **Ihr Gehirn sanft vibrieren**. Die Mobilisierung von Energien im Kopf hat gewiß Auswirkungen auf das Atemzentrum und die verschiedenen Atemräume. Je lockerer, sensibler und durchlässiger der Bereich um das Atemzentrum ist, desto freier können sich Impulse von dort in den gesamten Körper bewegen. Atmung wird weniger zur unbewußten Anstrengung und die entsprechenden Atemräume werden funktional belebt und gelockert.

»» Arbeit an einem Segment

In der Bioenergetik besteht die Auffassung, daß sich körperliche Beschwerden, Schwierigkeiten und Blockierungen jeweils in einem Körpersegment «festsetzen». Bei der Betrachtung der körperlichen Verspannung in der bioenergetischen Arbeit steht nicht der jeweilige Muskel im Vordergrund, sondern das Verspannungs- und Blockierungsmuster in einem Körpersegment als Ganzes. Die Beeinträchtigung eines Körpersegments wirkt sich wiederum auf die Gesamtheit des Organismus, des Körpererlebens und des Körperausdrucks störend aus. Die eingehende Beschäftigung an einem Segment durch gezielte Übungen dient:

- der Lockerung von Muskeln
- der gezielten Linderung von Schmerz
- der Vertiefung oder Beruhigung der Atmung
- der Wachheit, der Sensibilität und der Bewußtheit für diesen Körperbereich mit seinen vielschichtigen Empfindungen und Gefühlen und deren Differenziertheit und erlebten Bedeutung
- der fokussierten Stimulierung des Gesamtorganismus mit dem Ziel der Neustrukturierung

Die gezielte Beschäftigung ermöglicht die Erfahrung eines Impulses (Empfindung, Gefühl, Gedanke usw.), der aus diesem Körperbereich in den gesamten Körper einwirkt. Die Wachheit für diese **Impulsvorgabe zur Selbstregulation** kann daher später Einblicke in die jeweils persönlichkeitstypischen, körperinternen Impulse und Energieverteilung gewähren.

Ich möchte den oberen Brustbereich als Beispiel anführen. Es gibt viele Übungen, Massagetechniken und Körperhaltungen, um mit diesem Segment zu arbeiten, um diesen Bereich energetisch zu mobilisieren.

»» Wählen Sie verschiedene Bewegungs- und Ausdrucksübungen für die Arme nach Ihrer Wahl: Wenn Sie auf der Matratze liegen, schlagen Sie kräftig mit den Armen neben den Oberkörper, wenn Sie quer auf der Matratze liegen, schlagen Sie mit den Armen seitlich auf die Matratze. Wenn Sie auf dem Boden liegen, klopfen Sie mittelkräftig mit den Händen oder Fäusten auf den Boden, schlagen Sie mit den Armen hin und her: neben den Rumpf und neben den Kopf usw.

Bewegen Sie ohne eine spezielle Intention die Arme für eine längere Zeit in der Luft oder heben Sie die Arme in die Luft hoch, als würden Sie sie wie ein kleines Kind zu jemandem ausreichen. Halten Sie die Arme so eine Weile.

Wenn Sie liegen, heben Sie Kopf, Schultern und oberen Rückenbereich so vom Boden, daß Sie ab den Schulterblättern mit der Wirbelsäule auf dem Boden liegen. Verweilen Sie in dieser Haltung einige Atemzüge lang. Ruhen Sie sich wieder aus und wiederholen Sie diese Haltung mehrmals.

Oder legen Sie sich mit dem Rücken auf eine kleine, feste Deckenrolle, so daß die Rolle quer zur Wirbelsäule in Höhe der Schulterblätter liegt. Oder legen Sie sich mit der Brust in Höhe des Brustbeins auf die Deckenrolle usw.

Nachdem Sie verschiedene Übungen Ihrer Wahl gemacht haben, stellen Sie sich in die Elefantenposition, um den Oberkörper, die Arme und den Kopf aushängen zu lassen. Hierdurch gestatten Sie sich, innerlich loszulassen, um Körperempfindungen und Gefühle zu spüren. Es kann auch sein, daß Sie an Personen aus Ihrem Leben oder wichtige Ereignisse erinnert werden. Machen Sie sich diese klar, um dann wieder die Bewußtheit auf die Vorgänge in Ihrem Körper zu lenken.

Schreiben Sie sich Wichtiges auf oder berichten Sie Ihrem Begleiter davon. Sie werden im Lauf der Zeit merken, daß bei Wiederholung der Übung, Übungsabläufe oder bei neuen Übungen für dieses Segment das Gefühl, die Erinnerungen und Gedanken sich immer komplexer und differenzierter gestalten. Man kann fast sagen, daß Sie Ihren Körper, Ihre Persönlichkeit und Ihre Erfahrung aus dem Blickwinkel des oberen Brustbereichs heraus zu erkunden beginnen. Gleichzeitig beleben Sie diesen Bereich, so daß nicht nur neue Körpererfahrungen möglich werden, sondern auch Neugier und Interesse für – vor dem inneren Auge – auftauchende Menschen und Phantasien geweckt werden. Diese Neugier, dieses Interesse, dieses körperliche Bedürfnis ist dann wiederum Anlaß für eine andere Übung, für die Beschäftigung mit einem anderen Körperbereich. Sie wirft gleichzeitig ein neues Licht auf Ihren Alltag.

Die verdichtete Arbeit am Segment mit Hilfe selbst ausgewählter Übungen fördert die Wachheit für das Körperempfinden und das Erleben in diesem Segment, unterstützt die eigene Initiative und Kompetenz, auf sich zu vertrauen, nämlich die für einen selbst passenden Übungen auszuwählen, anstatt sich einem anonymen Trainingsprogramm auszuliefern.

Das Erleben in einem Körpersegment und die Arbeit mit diesem ist immer in Beziehung zum Gesamtorganismus zu sehen. Achten Sie also bei den Übungen und in der Ruhephase besonders auf die Auswirkungen, die Energieverteilung im ganzen Körper. Vielleicht werden Sie traurig, aggressiv, freudig oder gelangweilt. Sie fühlen sich erschöpft, allein gelassen oder aber glücklich und belebt, weil Sie endlich wieder einen inneren Kontakt zu Ihrem Körper, zu sich selbst gefunden haben. Es treten Körperempfindungen wie leichtes Vibrieren, Zucken, Wärme oder Kälte auf. Verweilen Sie bei diesen und lassen Sie sich durch die besondere Auswirkung auf Ihr gesamtes Wohlbefinden überraschen.

Nutzen Sie anschließend an die Übungen die Chance, Impulse und körperinterne Wechselwirkungen bewußt zu identifizieren. Spüren Sie die Auswirkungen auf Körperbereiche, die nicht unmittelbar in die Übung einbezogen waren. Nehmen Sie diese Erfahrung als Eintrittskarte, als Willkommensgruß, um in die unermeßliche Weite Ihres emotionalen und mentalen Innenraums einzutauchen.

»» Halb-autonome Körperreaktion

Wenn sich das Gespür für Körperempfindungen und deren vertiefte Wahrnehmung bereits verbessert hat, auch wenn es anfangs schwierig ist, möchte ich Sie mit der halb-autonomen Bewegung körperinnerer Impulse vertraut machen. Je sensibler Sie für die Körperempfindungen, für die Körpersegmente werden, je weniger sind Sie angewiesen auf unnötig kontrollierende Gedanken, gelernte Verhaltensregeln und mentale Vermeidungsprogramme. Sie können sich leichter und «vorbehaltlos» auf die sogenannten halb-autonomen Körperreaktionen einlassen, diese wahrnehmen und schließlich fördern. Die Angst, sich auf der Ebene des erlebten Körpers zu erfahren, wird geringer. Belebende und kreative Assoziationen nehmen zu und bereichern Ihr Innenleben.

»» Legen Sie sich auf den Rücken, stützen Sie die Füße so auf, daß die Knie angewinkelt sind. Schließen Sie die Augen, legen Sie die Arme rechtwinklig zum Körper auf den Boden mit den Handinnenflächen nach oben und beginnen Sie dann ganz langsam, wie in einer Zeitlupenbewegung, die Arme hochzuheben. Schließlich werden sich die Hände irgendwann irgendwo in der Luft treffen. Bewegen Sie dann die Arme genauso langsam zum Boden zurück.

Vergessen Sie dabei die Zeit! Wenn Gedanken kommen, lassen Sie sie wieder gehen und seien Sie wach für Ihren Körper, Ihr Erleben und Ihre Assoziationen. Die Übung dauert 20, 30 oder gar 40 Minuten. Erschrecken Sie nicht über die Länge der Übung. Nehmen Sie die Übung wie eine Entdeckungsreise in Ihre Arme, in Ihre Schultern, in Ihren Brustkorb. Sie werden feststellen, daß ganz unterschiedliche Körpersensationen auftreten: Verspannungen, Schmerzen, Wärme, Kälte, dann Vibrieren, Zucken usw. Bleiben Sie mit Ihrer Aufmerksamkeit bei diesen Empfindungen. Registrieren Sie Ihre gleichzeitig auftauchenden Gefühle, Gedanken und Erinnerungsbilder, aber lassen Sie diese auch wieder verschwinden, damit neue kommen können.

Durch diese Übung unterstützen Sie das Erleben von Lebendigkeit in Ihrem Körper. Er wird angeregt, zunächst noch diffuse Impulse zu entwickeln, die sich dann autonom im Körper ausbreiten und auf andere Ebenen Ihrer Persönlichkeit wirken: Gefühlsleben, Erinnerungsebene, Gedanken usw. Sie unterstützen freie Assoziationsketten und fördern gleichzeitig das **Vertrauen in körpereigene Prozesse**. Hinzu kommt die Erfahrung, das eigene Wohlbefinden und körperliche Entspannung beeinflussen zu können.

Bleiben Sie nach der Übung noch eine Weile liegen, hören Sie Ihre Lieblingsmusik, machen Sie sich ein paar Notizen oder sprechen Sie mit einem vertrauten Menschen.

»»» Energie und Körperausdruck

Die Bioenergetik befaßt sich mit der Wechselbeziehung von Energie, Aufladung, Entladung, Körperhaltung, -ausdruck und Persönlichkeit. Es geht einerseits um Erregung, Gefühl, Erleben, innere Beweglichkeit und Bewußtsein. Andererseits um den sichtbaren wahrnehmbaren Körper, den Körperausdruck, die individuelle Haltung, das Verhalten und den Umgang mit der Welt.

Der menschliche Körper ist ein **energetischer Körper** und ein durch eine **persönliche Form / Struktur lebensgeschichtlich geprägter Körper.**

In der Bioenergetik nimmt man zwei Arten von Energie an:

■ Die **Körperenergie**, die sich in den Stoffwechselvorgängen, der Atmung, der Verdauung usw. ausdrückt.

■ Die **Überschußenergie**, die die Grundlage und Quelle für Gefühle, Gedanken, Erinnerungen, Stimmungen des Menschen ist. Die Entladung der Überschußenergie ist viel intensiver als die der Körperenergie und beeinflußt in einem wesentlichen Maße die Persönlichkeit eines jeden einzelnen.

Energetische Ladung, Aufladung hat immer etwas mit der Fähigkeit zu tun, Energie aufzubauen, zu verdichten, zu formen, loszulassen und wieder auszudrücken. Aufladen, Erleben und Entladung der Überschußenergie ist eine spezifisch menschliche Eigenschaft. Nach Alexander Lowen, dem Begründer der Bioenergetik, gibt es zumindest zwei energetische Potentiale, die jeweils einen Ort als Zentrum haben und eine spezifische Richtung der Ausdehnung:

■ Die **Energieentwicklung** geht vom Zentrum zur Peripherie des Körpers.

■ Es gibt drei **Energiereservoirs**: Kopf, Brust, Becken, die durch regulative Verbindungen (Hals-Nacken-Bereich, Gürtellinie, Kontakt zum Boden) in Zusammenhang stehen und Energie freisetzen.

Es ist eine Sache der Selbstbeobachtung und Einschätzung durch andere, sich über den jeweils persönlichen Zusammenhang von Energiefluß, Formgewinnung, lebensgeschichtlicher Prägung und persönlichem Ausdruck klarzuwerden. Sich in diesem Zusammenspiel in den Kreislaufprozessen von Energiefluß und persönlicher Ausdrucksform zu erfahren, stärkt das Gefühl von Identität für sich selbst: nämlich ein lebendiges Wesen zu sein und sich im Lauf des Lebens, des Alltags als einzigartig zu erleben. Dies führt gleichzeitig zu der Erfahrung und zu dem Bewußtsein, trotz Entwicklung und Wandlungsprozessen derselbe zu bleiben, Konstanz zu haben.

Schließlich weckt die bioenergetische Arbeit, die Arbeit mit dem Energiefluß und der persönlichen Ausdrucksform, Gefühl und Bewußtsein für den lebensgeschichtlich erworbenen Körper.

»» Öffnung und Gegensteuerung

Wenn ein Körperbereich gelockert, entspannt, gelöst oder geöffnet wurde – so die Erfahrung in der Bioenergetik –, entsteht oft eine Gegenreaktion in Form von Anspannung, Halten in einem anderen Körpersegment. Es ist offensichtlich so, daß der Organismus dem gezielten entspannten Einfluß gegensteuert, um «in Balance zu bleiben». Dies wirkt wie eine interne Sicherung, wie ein lebenserhaltender Vorgang im Organismus. Die innere Gegensteuerung stellt aber auch eine Einschränkung dar, eine Bremse für sich verändernde Einflüsse und Prozesse der Neuorganisation.

Wundern Sie sich also nicht, wenn Sie derartige Vorgänge während den Übungen bemerken. Einmal ist es so, wie es ist.

Zum anderen gibt es eine Bedeutung, eine Funktion, daß Ihr Körper auf diese Art gegensteuert. Vorschnelle Deutungen, Erklärungen und Bewertungen schränken die Erfahrung von Lockerung, innerer Lösung und den Gegenreaktionen ein. Wird die **Kopplung von Loslassen und Gegensteuern** während der Übung ermöglicht, so wird neben der Wachheit für die Körperempfindungen gleichzeitig ein Spannungsbogen im Körperinnern aufgebaut. Dieser bewirkt das **gleichzeitige Erleben zweier unterschiedlicher Wirklichkeiten im Körper.** Wahrscheinlich sind Sie eher geneigt zu sagen, ich bin locker **oder** ich bin angespannt. Aber beides? Beides gleichzeitig?

»» Stellen Sie sich in die bioenergetische Grundstellung, nehmen Sie die Bogen- oder die Elefantenhaltung ein und spüren Sie die aufkommenden Zuckungen, Vibrationen, die Wärme in den Beinen (vgl. auch Warming-up). Diese (halb-)autonomen Körperreaktionen sind wahrscheinlich mit dem Erleben von Anspannung, Kälte, Unbeweglichkeit an anderer Stelle verknüpft. Es kann auch geschehen, daß die beginnende Lockerung ins Gegenteil umzukippen droht. Viele machen die Erfahrung, daß bei erhöhter Anspannung und Vibration die Atmung abflacht, die Spannung im Zwerchfell, in den Schultern oder im Kiefer oder sonstwo im Körper ansteigen läßt.

Nehmen Sie diese Vorgänge als einen notwendigen Schritt der energetischen Körpererfahrung und als Chance, einen **Spannungsbogen im Organismus aufzubauen**, so daß ein neuer Erfahrungsprozeß entstehen kann.

Sie können auch gezielt mit dem Wechselspiel von Lösung und Gegensteuerung bioenergetisch arbeiten.

»» Wählen Sie eine Körperhaltung, eine Übung aus, in der Sie zwei Dinge beachten: Entscheiden Sie sich für die Lockerung in einem Körpersegment und die gleichzeitige Gegensteuerung (Festhalten, Anspannen) in einem anderen Segment. Achten Sie genau darauf, was im Körper passiert, was sich vom Erleben her verdichtet und wie sich Auflockern und Gegensteuerung auf die jeweiligen Körpersegmente auswirken. Wird die Spannung spürbarer, anstrengender, schmerzhafter? Vielleicht bemerken Sie Gefühle von Ärger, Neugier, Angst, Belebung oder Spaßaufkommen?

Legen Sie sich auf den Boden oder eine Matratze. Beißen Sie die Zähne aufeinander oder drücken Sie den Kopf auf den Boden und halten Sie die Spannung im Nacken, um dabei gleichzeitig mit den Füßen zu trampeln, mit den Beinen auf die Matratze zu schlagen oder durch die Schmetterlingsübung das Vibrieren der Beine zu ermöglichen.

Üben Sie zu zweit. Legen Sie sich hin, stützen Sie Ihre Füße auf und halten in einem leichten Hohlkreuz Ihren Po auf den Boden gedrückt. Ihr Begleiter kann den Kopf in die Hände nehmen, um ihn vorsichtig und sanft hin und her zu bewegen, ihn zu lockern. Wiederholen Sie die Übung mit den Armen, mit den Fingern usw.

Denken Sie sich weitere Möglichkeiten aus, wie Sie den Spannungsbogen zwischen Öffnen und Gegensteuerung vielseitig und individuell bereichernd variieren können. Jedes Segment kann aktiviert oder angespannt und mit jedem anderen verknüpft werden.

Was passiert dort, wo Sie anspannen? Was geschieht dort, wo Sie bewegt werden oder locker sind? Was bewirkt die Erfahrung zweier gleichzeitig vorhandener, jedoch unterschiedlicher Phänomene?

»» Kopplung zentraler physiologischer Funktionen

Zwei zentrale Regulationsmechanismen des Körpers spielen in ihrem Zusammenwirken für die Bioenergetik eine Rolle. Einerseits wird die Erlebnis- und Ausdrucksfähigkeit des Menschen durch seinen Bezug zur Schwerkraft, andererseits durch die automatische Funktion des autonomen Nervensystems gekennzeichnet. Stehen, Gehen, Liegen, Sitzen sind Erlebnis- und Ausdrucksformen der Menschen, die auf der **Balancefähigkeit des Organismus** basieren. Stehen ist nie statisch, sondern beruht auf dem komplizierten Zusammenspiel von Skelett, Muskeln, Sehnen, Bändern – gegen die Schwerkraft. Auch wenn Sie meinen, ruhig zu sein, balanciert Ihr Organismus innerlich gegen und mit der Schwerkraft.

Alle Stoffwechselfunktionen des Körpers werden von der Zusammenarbeit des sympathischen und parasympathischen Nervensystems kontrolliert. Körperinterne Prozesse drücken sich aber in einem komplizierten **Zusammenspiel von aktivierenden und desaktivierenden Momenten** aus.

Der Mechanismus des sympathischen Nervensystems befähigt den Menschen, sich an die Außenwelt zu richten und in ihr zu bestehen. Der sog. «Kampf- oder Fluchtmechanismus» als Ausdruck dieses Systems erfordert die Funktionstüchtigkeit des Skeletts, der Muskulatur, des Herz-Kreislauf-Systems und des zentralen Nerven- und Hormonsystems. Sie ergibt sich aus dem lebendigen Zusammenspiel von Stimulation des sympathischen Zweigs und dem Bremsen / Unterdrücken von Impulsen des parasympathischen Zweigs.

Der Mechanismus des parasympathischen Nervensystems hingegen aktiviert die Fähigkeit zur Ruhe und Erholung. Folgende Körpervorgänge werden davon berührt: die Verdauung, die Ausscheidung und das Immunsystem. Wenn kein äußeres Problem, keine Anforderung und Belastung bestehen, bewirkt der Organismus die Regeneration innerer Bedürfnisse.

Der Organismus befindet sich also entweder in einer **handelnden Phase** oder in einer **Ruhephase**. Beides gleichzeitig ist nicht möglich. Das Zusammenspiel und der Wechsel dieser Phasen hängen von äußeren Faktoren (Konflikt, Belastung, Freude, Streß usw.), körperinneren Zyklen und der Persönlichkeitsdynamik ab.

Ohne im einzelnen an dieser Stelle auf die Hintergründe und Folgen dieses Zusammenhangs einzugehen, möchte ich Sie ermutigen, sich klarzumachen, ob Sie in Ihrem Leben eher den aktiven oder den desaktiven Teil verkörpern, aktive oder desaktive Momente bevorzugen.

Wechseln sich diese Momente übergangslos ab oder sind die Übergänge gleitend? Von welchen äußeren Faktoren hängt dies ab? Überprüfen Sie dies mit Hilfe Ihrer Lebenserfahrung, der Rückmeldung durch Arbeitskollegen, Freunde, und stellen Sie eine Beziehung her zu den Erfahrungen in den Übungen. Gibt es spürbare und bedeutungsvolle Differenzen?

Die **Arbeit gegen die Schwerkraft** oder mit ihr ist ein normaler Vorgang im Organismus. Jeder gestaltet diesen situationsbezogen auf seine persönliche Art und Weise. Der eine erfährt mehr Freude und Glück dabei, der andere eher Probleme und Schwäche.

Mancher fühlt sich aber auch, obwohl die Lebensumstände das nicht erfordern, zum aktiven Handeln gedrängt, ein anderer benötigt mehr Ruhe, mehr Zeit zum Entspannen, als die Situation es bedingt. Denken Sie beispielsweise an einen Ihrer Kollegen, der stolz darauf ist, sich Arbeit mit in den Urlaub genommen zu haben, und Ihnen trotzdem versichert, erholt zu sein.

Die persönlichkeitstypische Art, eher zum aktiven oder desaktiven Handeln zu neigen, bestimmt das Verhältnis jedes einzelnen zur Schwerkraft. Die Fähigkeit, entsprechend der

Schwerkraft zu reagieren, drückt sich u. a. im **Verhältnis der Körpersegmente zum Gesamtorganismus** / zur Körperstruktur aus.

»» Prüfen Sie zunächst, ob Sie eher zum aktiven oder zum desaktiven Handeln und Erleben neigen. Stellen Sie sich dann in die bioenergetische Grundstellung und spüren Sie die Atmung. Bewegen Sie die Knie mit dem Einatmen leicht nach unten und beim Ausatmen wieder nach oben. Folgen Sie mit der Bewegung Ihrer eigenen Atmung. Spüren Sie dabei, was passiert, und achten Sie auf Impulse, die in Ihnen geweckt werden. Ändert sich die Atmung? Werden Sie schneller oder langsamer in der Bewegung? Seien Sie wach für feinste Änderungen.

Wiederholen Sie die Übung nach einer Ruhepause. Werden Sie jetzt schneller in der Bewegung oder langsamer? Beugen Sie Ihre Beine jetzt unabhängig vom Atemrhythmus und folgen Sie Ihrem eigenen Bedürfnis. Wie reagiert der Körper? Wie kommen Sie mit den jetzt auftauchenden gespürten körperlichen Impulsen klar?

Ändern Sie wiederum die Übung, indem Sie Ihre Bewegung in den Knien langsamer als die Atmung werden lassen. Machen Sie dies eine Weile und spüren Sie nach, indem Sie mit leicht gebeugten Knien stehenbleiben. Welche Gefühle tauchen jetzt auf? Was passiert im Körper?

Machen Sie sich evtl. nach einer Ruhepause Notizen oder sprechen Sie mit Ihrem Begleiter, was Sie erlebt und erfahren haben.

Überprüfen Sie dabei Ihren anfänglichen Eindruck, eher zum aktiven oder zum desaktiven Erleben und Handeln zu neigen.

Nutzen Sie diese Erfahrung in der Übung als Leitlinie für die weitere Gestaltung der Übungen. Wählen Sie solche Übungen aus, die Ihnen von Ihrer Persönlichkeitsstruktur guttun. Wenn Sie also Ruhe brauchen, sich aber weniger dafür entscheiden, verlieren Sie sich nicht in aktiven, dynamischen und heftigen Übungen. Wollen Sie Ihre Aktivität und Kraft spüren, dann vermeiden Sie die Flucht in Gedanken, Phantasien und Gespräche oder in Entspannungsübungen. Achten Sie darauf, daß die **Spannkraft im Körper** stimmt und Sie Ihre Gefühle und Stimmungen körperlich ausdrücken können.

Nutzen Sie auch die Chance, Ihre Erfahrungen, die Sie jetzt während der Übungen gemacht haben, auf Ihre Lebensgeschichte, auf Ihre Kindheit zu übertragen. Fragen Sie sich, ob Sie früher eine Weile lebensbejahend, aktiv und dynamisch waren und aus welchem Grund Sie später vielleicht ins Gegenteil verfielen. Was ist damals passiert? Welche Personen haben diesbezüglich eine Rolle in Ihrem Leben gespielt? Wie wirkt sich Ihr eher aktives oder passives Muster auf den Arbeitsalltag aus?

»» Selbstregulation und Kontrolle

Das Gehirn ist zuständig für die Steuerung / Regelung der Vorgänge und Kreislaufprozesse im Körper. Das Zwischenhirn kontrolliert die automatischen, biologischen Bedürfnisse wie Verdauung, Ausscheidung, Atmung usw. Das Limbische System (Randgebiet zwischen Hirnstamm und Großhirn) ist verantwortlich für den Bereich des Gefühls, des Instinkts und der Impulse, während der zerebrale Kortex (Hirnrinde) die typisch menschlichen Funktionen regelt wie Sprache, Denken, Organisieren usw. Darüber hinaus ist der Bereich des Kortex in der Lage, den Einfluß anderer, «niederer» Gehirnzellen und -regionen zu hemmen. Diese Fähigkeit wird kortikale Kontrolle (KK) genannt.

Unter Belastung, in einer Krise, in Streßsituationen und bei Reduktion körperinterner Vorgänge (Verdauung, Atmung usw.) setzen sich neben aller körperinterner automatischer Regulation die kortikalen Fähigkeiten durch. Sie übernehmen in der Regel die Aufgabe, Erleben, Ausdruck und Verhalten so zu kontrollieren, daß man der Belastungssituation bestmöglich gerecht wird. Es werden «überflüssige» Bewegungen zurückgehalten, Gefühle und Muskelaktivitäten werden gebremst, eingebunden oder verdichtet.

Es gibt graduelle Unterschiede in KK-Streßsituationen. Menschen mit starker KK neigen zu übersteigertem, vielleicht zwanghaftem Denken, zur **bewegungslosen Distanzhaltung**, zur stark reduzierten Bewegung, zur rein verbalen Ausdrucksweise und ständigen Kontrolle. Andere hingegen zeichnen sich bei geringer KK durch körperliche Schwäche, stark gefühlsbetonten Körperausdruck, heftige, oft unkontrollierte Körperbewegungen, Beeinflußbarkeit und reduzierte Selbstkontrolle aus. Der graduelle Unterschied der KK und ihre Auswirkung auf die Persönlichkeit bestimmen ihre Strategien der Lebens- und Streßbewältigung, ihre Kommunikationssignale, bestimmte körperliche Ausdrucksformen und körperinterne Kreislaufprozesse.

Die Hemmung durch die KK schränkt andere Gehirnfunktionen ein. So werden z. B. bei starker KK die Stoffwechselvorgänge herabgesetzt, was wiederum Einfluß auf den aktiven bzw. desaktiven Ausdruck des Körpers hat. An dieser Stelle möchte ich nicht im einzelnen auf die möglichen Einschränkungen, Stärkungen bestimmter Kreislaufprozesse eingehen, sondern Ihnen die Möglichkeit geben, die Auswirkung der KK unter Streß in einer Belastungsübung zu erfahren. Sie können diese Übung als Hilfe zur Selbstdiagnostik und als Anleitung für zukünftige Übungen nutzen.

»» Stellen Sie sich in die Grundstellung, schieben Sie das Becken leicht nach vorne, so daß Sie eine Bogenhaltung einnehmen. Beugen Sie dann Ihre Knie vorsichtig soweit, bis das Becken nach hinten kippen könnte oder die Fersen sich vom Boden abheben könnten. Stoppen Sie dann Ihre Bewegung.

Spüren Sie in diese Körperhaltung, erleben Sie die Spannung, die vertiefte oder gebremste Atmung und spüren Sie Ihre Stimmung. Bleiben Sie in dieser Haltung 10 bis 12 Atemzüge lang. Nehmen Sie dann Ihr Becken wieder zurück und kommen Sie in die Ausgangsstellung, um sich eine kurze Weile auszuruhen. Wiederholen Sie dann die Übung mehrmals, ca. 20 Minuten lang.

Achten Sie auf das, was im Körper passiert, auf die Körperempfindungen, den Wechsel von Anspannung und Entspannung. Spüren Sie Ihre Gefühle von Unwillen, Ärger, Erschöpfung, wenn sich die Spannung im Körper erhöht. Fragen Sie aber zwischendurch nicht nach dem Sinn der Übung, sondern üben Sie weiter und bleiben Sie wach für die Empfindungen und Gefühle.

Es entwickelt sich ein Zusammenspiel und ein innerer Widerstreit zwischen der erhöhten körperlichen Anspannung, der Wiederholung der Übung, dem **Erleben** und den **kontrollierenden Gedanken. Wie erleben Sie diesen Widerstreit?** Was fällt Ihnen dabei persönlich auf? Woran werden Sie erinnert? Achten Sie auch auf Ihre Phantasien, auf Bilder und Erinnerungen, aber auch auf Gedanken, die Ihnen wie eine Rettung aus der Streßposition erscheinen. Gedanken, die vielleicht beginnen:

«Wenn ..., dann könnte ich ...»

«Wenn ..., dann müßte ich ...»

Im Anschluß an die Übung können Sie sich hinlegen und eine Weile ausruhen. Setzen Sie sich dann hin, um Ihre

Gedanken und Erfahrungen aufzuschreiben oder Ihrem Begleiter mitzuteilen. Stellen Sie diese Ihrer Alltagserfahrung im Privat- und Berufsleben gegenüber. Was fällt Ihnen dabei Besonderes auf? Wie erleben Sie sich unter Belastung und Streß? Was für rettende Ideen tauchen spontan auf? Was möchten Sie am liebsten in welchem Moment des Erlebens tun? Ist Ihre Alltagserfahrung die gleiche wie die während der Übung?

Sie können diese Übung regelmäßig wiederholen, um sich und Ihrem Körper etwas Gutes zu tun und um durch die wiederholte Erfahrung im Erleben und Umgang mit einer Streßposition Änderungen und Unterschiede festzustellen.

»» Erdung – Atmung – Kontakt

Um noch vertrauter mit dem körperlichen Dialog zu werden, der hoffentlich nicht zu persönlich ist, hier eine weitere Möglichkeit, die **Wechselwirkung von körperlichem Erleben und Kontakt zu Ihrem Gegenüber** zu erleben.

»» Setzen Sie sich auf zwei Stühlen im Abstand von ca. 1,5 bis 2 Metern gegenüber. Schauen Sie sich in die Augen, ohne miteinander zu sprechen. Spüren Sie Ihren Körper, spüren Sie, wie Sie sitzen und atmen. Lassen Sie Ihren Gedanken freien Lauf, ohne die Gedanken zu fixieren. Achten Sie darauf, wie das Erleben der Körperempfindungen, die Wachheit für die Atmung und die Art des Blickkontakts aufeinander einwirken. Die bewußte gleichzeitige Wahrnehmung der drei Aspekte ist **nicht** möglich. Einige achten eher auf den Blickkontakt, andere eher auf die Körperempfindungen, andere werden unsicher oder verlieren die Bewußtheit für die Körperempfindungen oder die Atmung oder den Blickkontakt usw. Verweilen Sie in dieser Sitzhaltung und machen Sie sich klar, was in Ihrem Inneren vor sich geht und wie Sie reagieren, wenn Ihr Gegenüber Sie anschaut. Nach ca. 10 Minuten sprechen Sie über Ihre Erfahrungen, indem zunächst jeder die Möglichkeit bekommt, über sich zu erzählen, ohne daß der andere fragt oder Kommentare abgibt.

Stellen Sie sich ein anderes Mal in einem Abstand von ca. 2 bis 3 Metern voreinander hin. Sie stehen in der bioenergetischen Grundstellung. Die Füße sind ca. hüftbreit auseinander und parallel, die Knie leicht gebeugt. Spüren Sie Ihren Atem, Ihren Körper und blicken Sie den anderen dabei an. Wenn Sie ihn nicht mehr anschauen wollen, sondern lieber die Augen geschlossen halten, tun Sie dies für eine Weile, suchen Sie dann aber wieder den Blickkontakt.

Sie merken, daß Ihr Körper unter Spannung kommt, Sie Probleme mit der Schwerkraft bekommen, die Atmung tiefergeht und der Blickkontakt mit dem anderen die Körperprozesse direkter zu beeinflussen beginnt. Es kann auch geschehen, daß die Körperempfindungen reduziert, gebremst oder plötzlich intensiviert werden. So können die Beine vibrieren, die Atmung kann tiefergehen oder abflachen, so daß Sie kaum die Kontrolle über die Körperempfindungen und die Auswirkungen dieser Empfindungen behalten.

Und das ist auch gut so! Der Körper ist lebendig, d. h., die Regelungsprozesse zwischen Empfinden, Atmen, Fühlen, Denken usw. geschehen wie von selbst. Gewiß können Sie Einfluß hierauf nehmen, indem Sie z. B. die Knie durchdrücken, so daß die Vibrationen aufhören. Sie können z. B. die Augen schließen, wenn Ihnen danach ist, um die Aufmerksamkeit nach innen zu lenken und dort Impulse zu wecken. Sie können aber nicht vermeiden, daß Atmung, Denken, Empfindungen u. a. stets aufs neue durcheinanderpurzeln.

Achten Sie auf das Wechselspiel zwischen den Körperempfindungen, der Atmung, Ihrem Gefühl und dem Kontakt zu
Ihrem Gegenüber. Wie geht es Ihnen dabei? Was fällt Ihnen
schwer, was leicht? Auch wenn Sie die Beine zwischendurch
strecken wollen, verbleiben Sie in der gebeugten Beinhaltung
– auch wenn es anstrengend ist. Atmen Sie tiefer bei der Anstrengung, atmen Sie mit einem Ton und achten Sie darauf,
wie es jetzt ist, den anderen anzusehen oder selbst angesehen
zu werden. Sie können in einem zweiten Teil die Übung ergän-
zen, indem Sie dem anderen von sich erzählen, während dieser zuhört. Bleiben Sie in dieser Haltung und hören Sie dann
Ihrem Partner zu, wenn er von sich erzählt.

»» Körperlesen und Streß

Bioenergetik ist immer körperliches Üben, Erleben und
(Selbst-) Einschätzung, Diagnostik.

Die Bioenergetik geht davon aus, daß der (erlebte, gelebte)
Körper durch Belastung, sei es realer oder traumatischer Art,
durch Versagung, Streß, ungelöste Konfliktbewältigung und
Krisen lebensgeschichtlich geprägt wird. Im Erwachsenenal-
ter nutzt man diesen Umstand zur Diagnostik, indem der Kör-
per unter Belastung diagnostiziert wird (z. B. Belastungs-EKG,
Streßbelastung in der orthopädischen Diagnostik u. a.). Auch
in der Bioenergetik nutzt man dieses «Wissen des Körpers».
Man bringt den Körper in eine Streßposition, um durch die
Reaktion des Organismus auf das Zusammenspiel mit der
Schwerkraft die spezifische Reaktionsweise des einzelnen
Menschen unter Belastung zu erkennen.

Bioenergetische Streßpositionen erfüllen also drei Zwecke:

- **Verbesserung der Streßkompetenz**, d. h. des Umgangs mit
  Streß
- **Diagnostik und Selbsteinschätzung** von Körper, Körperer-
  leben und Kompensation von Belastung

- **Einblick in die lebensgeschichtliche Prägung des Körpers**

»» Nehmen Sie die bioenergetische Grundposition, die Bogenhaltung ein. Ihr Begleiter steht oder sitzt Ihnen gegenüber. Verharren Sie eine Weile in dieser Haltung und spüren Sie Ihren Körper, insbesondere die Stellen, die schmerzen, die verspannt sind oder wo Lockerung eintritt. Wie ist Ihr Kontakt zum Boden? Wohin richtet sich Ihr Blick? Achten Sie auf Ihre Gedanken und berichten Sie Ihrem Gegenüber davon. Gehen Sie von der Wahrnehmung Ihrer Körperempfindungen, der Beschreibung Ihrer Atmung, Ihrer Gefühle und spontan auftauchenden Gedanken aus. Spüren Sie Ihren Körper. Bleiben Sie in der Bogenhaltung. Ihr Begleiter wird Sie in dieser Haltung genau beobachten und registrieren, wie Sie stehen, wie Sie atmen, wie Sie blicken und wie Sie gegebenenfalls Ihre Körperhaltung ändern.

Was bemerken Sie als Beobachter? Achten Sie auf die Mimik Ihres Partners und den Stand seiner Füße, den Kontakt der ganzen Fußsohle mit dem Boden.

Als Übender: Worauf achtet Ihr Gegenüber, wenn Sie erzählen und die Spannung in der Körperhaltung größer wird? Sobald die Haltung Ihnen zu anstrengend wird oder Schmerzen auftauchen, beugen Sie sich nach vorne in die Elefantenhaltung. Bleiben Sie auch in dieser Haltung eine Weile. Erzählen Sie Ihrem Begleiter von Ihrem Erleben und Ihren Körperempfindungen. Dieser verhält sich dabei still, fragt gegebenenfalls nach, um einen genaueren Eindruck zu bekommen, **ohne Sie jedoch in ein Gespräch zu verwickeln.** – Vermeiden Sie beide, gleich etwas Erlebtes oder Wahrgenommenes zu interpretieren, zu hinterfragen oder zu deuten.

»» Sie können erneut die Bogenhaltung einnehmen, um Ihre Wahrnehmung und Ihr Erleben zu vertiefen bzw.

Unterschiede festzustellen. Nachdem Sie zwei- oder dreimal die Bogenhaltung und die Elefantenhaltung eingenommen haben, legen Sie sich auf den Rücken in die Grundstellung und gehen Sie Ihren Empfindungen nach. Verdeutlichen Sie sich, was in Ihrem Körper passiert und was Sie zuvor wahrgenommen haben. Wie fühlen Sie sich jetzt?

Berichten Sie nach einer Weile Ihrem Gegenüber, aber vermeiden Sie ein Gespräch. Jeder von Ihnen beiden erzählt zunächst einige Minuten lang. Sie werden sicherlich merken, daß es nicht einfach ist und daß Sie ganz ungeübt sind, den beobachteten und / oder erlebten Körper in Worten differenziert und persönlich zu beschreiben, ohne sofort nach Erklärungen zu suchen.

»» Wenn Sie miteinander sprechen, achten Sie auch auf die Veränderung im Körpererleben und im Körperausdruck. Was hat sich während der Übungszeit in Ihnen gewandelt, gab es eine überraschende Erfahrung oder eine Bestätigung für bereits vorhandene Eindrücke? Verstehen Sie sich und Ihre Bedürfnisse jetzt besser? Können Sie bei der Beschreibung bleiben, statt nach Gründen für das Erlebte zu suchen?

Sie können diese Übung zur Selbsteinschätzung unter Belastung im Abstand von einigen Wochen wiederholen. Welche neuen Aspekte tauchen auf? Was verdichtet sich zu einer Erkenntnis, und welche Assoziationen bezüglich Ihrer Lebensgeschichte tauchen auf?

Auch wenn an anderer Stelle in diesem Buch das bioenergetische Persönlichkeitsmodell eingehend dargestellt wird, möchte ich Sie gerade bei dieser Übung bitten, eher bei der Wahrnehmung Ihres Körpers und Ihres Körpererlebens zu

bleiben. Nehmen Sie die Körpererfahrung, Ihre Stimmungs-
lage, auftauchende Gedanken und Assoziationen zum Anlaß,
sich an Ihre Kindheit zu erinnern, an wichtige Menschen und
Erlebnisse. Spürt man einen persönlichen Sinn in dem asso-
ziativen Zusammenspiel von Körpererleben und Erinnerung?
Nutzen Sie diesen Sinn, um Einsichten in Ihren erlebten Körper und dessen Entwicklung zu erlangen. Ohne sich, auch
wenn es verlockend ist, gleich im Persönlichkeitsmodell ein-
zuordnen.

Sie werden sicherlich beim Körperlesen unter Streß merken, daß es gar nicht so einfach ist, die Signale des Körpers
wahrzunehmen und so zusammenzufügen, daß die Verknüpfung von Körpererfahrung und Lebensgeschichte persönlichen Sinn macht.

«Bin doch nicht erschöpft!»

Hier ein Beispiel, um selbst erzeugten, selbst reprodu-
zierten Streß zu illustrieren:

Frau S., eine erfolgreiche, dynamische Führungskraft des
oberen Managements, hat einen engen Terminkalender,
läßt sich aber dadurch nicht beirren. Sie schafft die
Dinge, die sie sich vornimmt.

In einem Gespräch während eines Coaching sagt sie, daß
Entspannung ihr guttäte. Besonders verspannt sei sie im
oberen Rumpfbereich, in den Schultern und in den Armen. Ich bitte sie, sich auf den Rücken zu legen und die
Arme zur Seite zu legen. Dann bitte ich Frau S., die Arme
in Zeitlupe hochzuheben, so daß die Hände sich in der
Luft treffen können. Sie läßt die Arme genauso langsam
wieder sinken.

Dies kostet Frau S. eine große Anstrengung, da sie ein
Zittern der Brustmuskulatur spürt. Sie erlebt dieses Zit-

tern als Zeichen der Erschöpfung und wehrt sich mental dagegen, indem sie sich glauben macht, sie könne ja noch weiter, sie sei ja noch nicht am Ende. **Die Muskeln wären nur zu schwach.** Im anschließenden Gespräch bekräftigt Frau S. ihre Überzeugung, sich durch das Gefühl von Erschöpfung nicht unterkriegen lassen zu wollen. Sie müsse eben nur ihre Muskulatur noch kräftigen, daß diese dem Erleben von Erschöpfung entgegenwirken könne.

Frau S. erlebt Erschöpfung als «unpassend», als unwillkommen. Erschöpfung paßt nicht in ihr Selbst-Bild. Das Muskelzittern, das Anstrengung und Erschöpfung, Festhalten und Loslassen zugleich darstellt, mobilisiert ihr **Mentalprogramm: Leistung zu erbringen, ohne Rücksicht auf Erschöpfung.** Obwohl Frau S. sich Entspannung wünscht, kann sie unbewußt diese in einer von ihr gewünschten Übung nicht tolerieren. Statt dessen setzt sie eins drauf: **sie bekämpft Anspannung mit zusätzlicher Anspannung.** Streß durch Streß! Innerlich gerät sie immer mehr in einen Zwiespalt: sich Entspannung zu wünschen, aber dem mit der Entspannung verknüpften Gefühl der Erschöpfung ausweichen zu wollen.

Frau S. nutzt die Erfahrung des eigenen Körpers während der bioenergetischen Übung, das gemeinsame aufdeckende Gespräch über diese Erfahrung und die Wiederholung solcher Erfahrungs-Szenen, um sich gewissermaßen mit ihrem Inneren auszusöhnen. Dies mobilisiert zunächst den inneren Widerstand gegen den Wunsch nach Entspannung. Sie schließt Frieden mit sich und fühlt sich belebter als erwartet. (Die Erfolgreiche, vgl. Kap. 5.)

Wenn Sie mit Ihrem Gegenüber darüber sprechen, kann es sein, daß Sie beide eine unterschiedliche Wahrnehmung und Auffassung von der Körperhaltung des Übenden haben. Suchen Sie nicht nach der «richtigen» Auffassung, sondern nutzen Sie diese unterschiedliche Wahrnehmung und Auffassung als eine Anregung, sich erneut mit Ihrer eigenen Körpererfahrung zu befassen.

Zu einem anderen Zeitpunkt können Sie die Übungsabfolge «Körperlesen und Streß» mit einer anderen Person wiederholen. Was ist jetzt anders?

Nehmen Sie diese Übungsabfolge und die Phase der Selbsteinschätzung als Grundlage für Ihre Selbsteinschätzung. Nutzen Sie sie später auch als notwendige Voraussetzung, sich eingehender mit dem bioenergetischen Persönlichkeitsmodell zu befassen.

Beziehen Sie Ihre Erfahrungen in der Übungsabfolge auf den Alltag und sprechen Sie zu gegebenem Anlaß mit Freunden und Bekannten darüber.

Übungssequenzen

Sie können Einzelübungen machen, Sie können auf Ihre Persönlichkeit abgestimmte Übungsabfolgen machen, Sie können aber auch sich an den Übungssequenzen orientieren, um einzelne Aspekte vertieft zu üben.

»» Grounding-Übungen

Auch in diesen Übungssequenzen sollten Sie folgendes berücksichtigen:

- ■ Achten Sie auf Ihre Atmung!
- ▨ Lassen Sie Ihrem Gefühl Raum!
- ■ Gestatten Sie sich «einfache» Körperempfindungen. Beugen Sie die Knie, damit die Beine zittern können, und öff-

nen Sie die Augen, damit Sie wissen, wie sich die Wirklichkeit für Sie darstellt!

■ Vergessen Sie nicht die Ruhepausen! Von ihnen hängt der persönliche Gewinn einer Übung ab!

»» Stellen Sie sich hin, **dehnen** und **strecken** Sie sich so, wie es Ihnen guttut, in alle Richtungen. Bleiben Sie stehen, fühlen Sie nach, legen Sie eine kurze Ruhepause ein! Gehen Sie nun in die Grundstellung und verlagern Sie das Gewicht auf das **linke Bein**. Heben Sie die linke Ferse, drücken Sie die Fußballen und -zehen auf den Boden. Bewegen Sie ganz langsam das linke Knie von der einen Seite zur anderen und halten Sie den Druck vorne im Fuß auf dem Boden.

Stehen Sie auf beiden Beinen und öffnen Sie sich für Ihre Gefühle! Verlagern Sie nach einer Weile das Gewicht wieder auf den linken Fuß und drücken Sie den ganzen Fuß nach unten und bewegen Sie langsam den Fuß von vorne nach hinten. Das heißt, heben Sie die Ferse langsam hoch, lassen Sie sie wieder runter und heben Sie den vorderen Fuß, die Zehen und den Fußballen. Machen Sie dies dreimal, so als würden Sie die beiden Pfeiler einer Brücke, nämlich Ihres Fußes, miteinander verbinden.

Stehen Sie dann wieder auf beiden Beinen und spüren Sie nach. Stellen Sie sich auf das linke Bein, der ganze Fuß ist am Boden, drücken Sie kräftig nach unten. Beugen Sie das Knie etwas stärker und halten Sie den Druck auf den Boden gerichtet. Bewegen Sie dann ganz langsam das Knie in einer Kreisbewegung. Bewegen Sie das Knie erst in die eine Richtung, dann in die andere. Pausieren Sie auf beiden Beinen und spüren Sie nach. Geben Sie jetzt das volle Gewicht in die linke Ferse. Drücken Sie auf den Boden und bewegen Sie langsam den Fuß so, als wollten

Sie ihn in den Boden drehen. Machen Sie dies eine Weile. Drücken Sie dann kräftig und bewegen Sie den Fuß schnell, so als wollten sie ärgerlich eine Zigarettenkippe in den Boden drücken.

Spüren Sie wieder **auf beiden Füßen** stehend nach. Nehmen Sie den linken Fuß nach hinten, so daß das Gewicht auf den Fußrücken verlagert wird. Lassen Sie die Zehen locker liegen – sonst kommt es zu einem Krampf in der Fußsohle. Verlagern Sie Ihr Körpergewicht leicht nach hinten und drücken Sie das linke Bein etwas mehr durch, daß es fast durchgedrückt voller Spannung ist. Beginnt es zu zittern? Vergessen Sie bei solchen Anstrengungen nicht zu atmen. Öffnen Sie den Mund und atmen Sie laut. Schütteln Sie den linken Fuß und den rechten Fuß aus, ruhen Sie sich eine Weile auf beiden Beinen aus und wiederholen Sie die Übungen mit dem rechten Bein.

Bleiben Sie in der Grundstellung stehen und halten Sie zwei, drei Minuten inne. Spüren Sie, wie Ihre Beine sich anfühlen, wie Sie atmen und wie Sie Ihren Blick empfinden. Möchten Sie die Augen schließen?

Heben Sie dann die Ellbogen seitlich in **Schulterhöhe**. Lassen Sie die Schultern ganz langsam kreisen. Achten Sie darauf, daß die Bewegung wie in einer Zeitlupe verläuft und so groß wie möglich ist. Nutzen Sie den ganzen Gelenkradius aus. Atmen Sie dabei weiter, drücken Sie aber nicht die Knie durch. Spüren Sie die Anstrengung bei der Zeitlupenbewegung. Atmen Sie bei geöffnetem Mund laut und achten Sie auf ihre eigenen Geräusche bei der Atmung. Was lösen diese Geräusche bei Ihnen aus? Wie kommen Sie sich bei diesen Übungen vor? Wie klingt die **Stimme**? Nach ca. acht bis zehn Atemzügen drehen Sie die Schultern in die andere Richtung, machen Sie eine Ruhepause und fühlen Sie den **oberen Brustbereich**, die

Schultern und Ihre Atmung. Wiederholen Sie die Kreisbewegungen ein zweites Mal in beide Richtungen.

Richten Sie dann Ihre Aufmerksamkeit auf Ihren Bauch-Beckenraum. Beginnen Sie, Ihr **Becken** spiralförmig zu bewegen. Zunächst ist es eine ganz kleine, nur innerlich spürbare Bewegung, die immer größer wird, bis Sie sich in einer weit ausladenden Kreisbewegung zeigt. Lassen Sie Ihre Knie gebeugt und atmen Sie. Fällt es Ihnen leicht, eine so langsame spiralförmige Bewegung mit dem Becken zu machen? Und wie kommen Sie sich dabei vor? Registrieren Sie, was im Körper passiert, und spüren Sie Ihre Stimmung dabei!

Nachdem Sie einige große Kreise gezogen haben, bewegen Sie Ihr Becken zurück zum Zentrum, zu Ihrer Körpermitte, so daß die Bewegung nachwirken kann. Schließen Sie die Augen, um Ihre Aufmerksamkeit stärker nach innen zu richten, so daß Sie durch Ihr Schauen nicht abgelenkt werden.

Spüren Sie Schmerzen oder Wärme, geht ein Strömen durch Ihren Körper? Sind der **Bauch-Becken-Raum** und der untere Rücken verspannt? Wie atmeten Sie während der Spiralbewegung? Konnte die Bewegung des Bauch-Beckenraums in den restlichen Körper fließen? Spüren Sie sexuelle Gefühle oder Phantasien? Oder fühlen Sie sich gehemmt und ist es Ihnen peinlich, Beckenbewegungen zu machen?

»» Beginnen Sie langsam, den **Oberkörper** nach unten abzurollen, so daß der Oberkörper aushängen kann und die Finger den Boden berühren. Dabei bleiben die Knie leicht gebeugt. Vergessen Sie nicht, dabei durch den geöffneten Mund zu atmen. Verweilen Sie eine Zeitlang in dieser gebeugten Haltung. Der Oberkörper, die Schultern, die Arme und der Kopf hängen herunter. Lassen Sie, wenn möglich, die Beine leicht vibrieren, und atmen Sie immer wieder mal ein bis zwei Atemzüge tief in den Bauch.

Halten Sie jetzt mit den Händen die Fußgelenke fest. Lassen Sie den Kopf dabei hängen und versteifen Sie nicht Ihren Nacken. Drücken Sie langsam die Knie etwas zurück, so daß die Spannung in den Beinen größer wird. Verharren Sie so vier bis fünf Atemzüge lang und atmen Sie tief in den Bauch, damit die Anstrengung durch die Atmung und die eventuellen Geräusche nach außen dringen kann. Geben Sie in den Knien nach und entspannen Sie die Beine, aber halten Sie die Fußgelenke umfaßt.

Wie empfinden Sie den Unterschied zu der gebeugten Haltung? Wird Ihre Haltung unsicher? Spüren Sie Ihre Knöchel und wie ist Ihr Stand?

»» Spannen Sie Ihre Beine langsam noch einmal an, so daß Sie schließlich für zwei bis drei Atemzüge ganz durchgedrückt sind (stoppen Sie die Übung, sobald große Schmerzen auftauchen).

Wie empfinden Sie die Belastung, den Schmerz? Hat sich Ihre Stimmung geändert? Lassen Sie nun die Hände wieder los und lassen Sie Ihren Oberkörper nach vorne aushängen.

»» Legen Sie die Hände auf den Hinterkopf und drücken Sie den **Kopf** gegen die Hände, so daß die Spannung im Nacken spürbar wird. Beginnen Sie langsam, wie in Zeitlupe, sich gegen den Druck Ihrer eigenen Hände nach oben aufzurichten – Wirbel für Wirbel –, so daß erst der Oberkörper, dann die Schultern und der Nacken, dann der Kopf angehoben werden. Halten Sie dabei den Druck auf den Kopf so, daß der Nacken fest bleibt. Öffnen Sie die Augen, den Mund und atmen Sie bei Anstrengung laut. Sie werden Widerstand spüren bei dem Versuch, weiter hoch zu kommen, oder den Wunsch, den Druck zu mindern. Kommen Sie langsam hoch, aber halten Sie den Druck im **Nacken**.

Foto 7

Machen Sie sich klar, was diese Übung bei Ihnen auslöst. Nehmen Sie wieder die Grundstellung ein und spüren Sie nach. Wie fühlen sich Ihre Wirbelsäule, Ihr Nacken und Ihr Kopf an? Fühlen Sie sich in Ihrer Haltung wohl? Wie tief geht Ihre Atmung? Gibt es Bereiche im Körper, die jetzt schmerzen, die warm werden, durchströmt sind oder zittern? Legen Sie sich mit dem Rücken auf eine Decke, stützen Sie die Füße auf, so daß die Knie angewinkelt sind. Schließen Sie die Augen, öffnen Sie leicht den Mund und gehen Sie Ihren Empfindungen, Ihren Gefühlen und inneren Bildern nach.

»» Übungen zur Energiemobilisierung

»» Knien Sie sich auf ein Kissen oder eine Matratze, ohne sich auf die Fersen zu setzen. Die Knie sind ca. 25 bis 30 cm auseinander. Atmen Sie und fühlen Sie Ihren Körper, vor allen Dingen Ihren Po, Ihren Bauch und Ihr Becken. Sobald Sie unsicher knien, achten Sie darauf, sich nicht zu verspannen, um weiterhin stabil knien zu können. Schwingen Sie ganz langsam wie ein Pendel hin und her, mal nach vorne, mal nach hinten und zur Seite. Machen Sie eine Pause und schwingen Sie erneut. Achten Sie dabei auf den feinen Unterschied, eine Bewegung Ihres Körpers zu machen oder einer inneren Bewegung, die Sie spüren, zu folgen. Bewegen Sie sich nach einer Weile etwas stärker, mit einer größeren Ausdehnung. Drücken Sie dann nach einer Ruhepause Ihr Becken ohne große Anstrengung leicht nach vorne und verweilen Sie 10 bis 12 Atemzüge in dieser Bogenhaltung. Vermeiden Sie, den Körper anzuspannen. Nehmen Sie das Becken wieder zurück, legen Sie eine Ruhepause ein, in der Sie Ihren Körper spüren können und unter Umständen das Zittern der Muskeln nachwirken lassen. Legen Sie nach einigen Minuten Ihre Fäuste auf den Beckenrand und nehmen Sie im Knien die bioenergetische Bogenhaltung ein. Verbleiben Sie in dieser Position, bis die Spannung im Körper ansteigt.

Stützen Sie sich, ohne eine ruckartige Bewegung zu machen, nach vorne auf Ihre Hände, so daß die Wirbelsäule parallel zur Matratze, zum Boden ist, und lassen Sie den Kopf hängen. Die Arme sind leicht gebeugt. Atmen Sie durch den Mund in den Bauch, ohne sich anzustrengen. Verweilen Sie in dieser Haltung für 10 bis 15 Atemzüge – auch wenn es Sie anstrengt.

Lockern Sie Ihren Nacken, indem Sie den Kopf vorsichtig hin und her schwingen lassen. Lockern Sie Ihre Wirbelsäule und Ihren Rumpf, indem Sie beim Einatmen leicht ins Hohlkreuz gehen und beim Ausatmen einen kleinen Katzenbuckel machen. Passen Sie dabei die Bewegung dem Rhythmus Ihrer Atmung an!

Manche werden feststellen, daß ihr Nacken fester wird und sie den Kopf aufrichten möchten. – Lassen Sie ihn aber hängen! Verbleiben Sie in dieser Position 4 bis 6 Atemzüge lang und fühlen Sie nach.

Schieben Sie nun mit der Einatmung den Rumpf leicht nach hinten, dann nach vorne. Achten Sie darauf, daß Sie beim Ausatmen die Schultern soweit wie möglich nach vorne strecken, ohne auf den Bauch zu fallen. Führen Sie die Übung auch durch, wenn Sie zu zittern beginnen.

Legen Sie sich nach mehrmaliger Wiederholung dieser Bewegung vorsichtig auf den Bauch auf die Matratze oder den Boden. Die Arme liegen am Oberkörper. Nehmen Sie sich jetzt Zeit! Wie atmen Sie? Wie fühlt sich Ihr Rumpf, Ihre Wirbelsäule an? Wie die Beine und Arme? Nach ca. 15 bis 20 Atemzügen Ruhepause drücken Sie mit den umgedrückten Zehen auf die Matratze, den Boden. Beine und Becken werden so angespannt, daß Sie den Körper bis zur Brust ca. 10 bis 15 cm vom Boden anheben können. Halten Sie diese Position ca. 6 bis 8 Atemzüge lang. Da diese Haltung sehr anstrengend ist, atmen Sie laut und lassen Sie das Zittern in Ihrem Körper geschehen. Entspannen Sie sich wieder und bleiben Sie am Boden liegen. Wiederholen Sie diese Übung ca. 3- bis 5mal. Legen Sie zwischendurch immer eine kurze Ruhepause ein.

Folgende Variante dieser Übung bietet sich an: Stützen Sie Ihre Hände seitlich der Schultern auf die Matratze und drücken Sie nun den Körper wieder hoch, indem Sie sich mit den umgeknickten Zehen und den Händen abstützen. Halten Sie den Körper 6 bis 8 Atemzüge parallel zum Boden in einer Höhe von ca. 10 cm. Dann entspannen Sie sich. Wiederholen Sie diese Übung 3- bis 5mal. Halten Sie so lange, wie Sie können. – Alles **oder** Nichts! Anspannen **oder** Loslassen.

Legen Sie sich auf den Rücken, stützen Sie die Füße auf und fühlen Sie Ihren Körper. Wie ist Ihre Stimmung? Woran denken Sie? Was beschäftigt Sie und, vor allem, was löst diese Körpererfahrung – Zittern, vertiefte Atmung u. a. – in Ihnen aus? Tut es weh? Auf welche inneren Widerstände stoßen Sie? Wo fühlen Sie sich im Körper gelöst, und wo spüren Sie gar ein leichtes Vibrieren? Fragen Sie nicht, was dies alles bedeutet, sondern registrieren Sie das, was in Ihnen passiert!

Weitere Übungssequenzen zur Mobilisierung der Körperenergie, der Bewegung, des lauten Atmens sollen vorgestellt werden. Achten Sie darauf, daß Sie diese Übungen in einem Raum durchführen und zu einer Zeit, in der Sie niemanden stören und selbst nicht gestört werden können.

»» Legen Sie sich auf eine Matratze, stützen Sie die Füße auf und klopfen Sie abwechselnd mit den Füßen auf den Boden – so als wenn Sie laufen würden. Nach einer Weile pausieren Sie.

Ballen Sie Ihre Hände zu Fäusten, heben Sie die Arme und beginnen Sie, auf die Matratze zu schlagen, so, daß die Arme, die Schultern in Bewegung kommen. Schlagen Sie nicht nur mit den Unterarmen, sondern mit dem ganzen Arm aus dem Schultergelenk. Atmen Sie dabei laut, sobald die Anstrengung größer wird. Lassen Sie die Arme und Fäuste wieder liegen und geben Sie sich Ihrem Gefühl hin.

Beginnen Sie nun, mit dem Becken auf die Matratze zu klopfen, so als würden Sie einen Ball hopsen lassen. Klopfen Sie so, daß Sie den Widerstand der Matratze spüren, ohne sich am Steißbein weh zu tun. Atmen Sie laut! Nach einer Weile ruhen Sie sich wieder aus. Wie empfanden Sie die Bewegungen? Wie ist es für Sie, sich heftig, laut und stark auszudrücken?

Bringen Sie nun Ihren Körper über einen Zeitraum von 10 bis 20 Minuten in Bewegung. Nutzen Sie dabei die drei vorgeschlagenen Bewegungsmöglichkeiten und achten Sie darauf, daß ein Körperbereich, Arme, Beine oder Becken laufend ohne Pause in Bewegung ist. Wenn Sie die Lust an einer Bewegungsart verloren haben, ändern Sie einfach die Art Ihrer Bewegung. Sie werden ziemlich aus der Puste kommen, aber machen Sie weiter!

Nach dieser anstrengenden Mobilisierungsübung ist es wichtig, längere Zeit liegenzubleiben und dem Körper eine Ruhepause zu gönnen. Es können Körperempfindungen wachgerüttelt sein, die für Sie neu, überraschend oder angstmachend sind. Welche Wirkung hat diese Erfahrung auf Ihre Gedanken? Was löst diese Körpererfahrung in Ihnen emotional aus? Wie sind im Alltag Ihre Bewegungen, Ihr stimmlicher Ausdruck und Ihr Bewegungsausdruck? Wie ist es im Alltag, wenn Sie sich derart überaktiv ausdrücken und die Puste verlieren? Was möchten Sie dann am liebsten tun? Aufhören oder weitermachen?

Während der Übungen kommt es zu einer neuartigen Verknüpfung von Körpererleben und Bewußtheit. Es kann sein, daß ein Gedanke, ein Gefühl oder ein Körperbereich Sie länger beschäftigt oder immer wieder in den Raum Ihrer Aufmerksamkeit rückt. Fragen Sie sich dann, warum Sie dies so besonders beschäftigt. Ist das auch sonst so? Oder sind Sie überrascht über den neuen Blickwinkel, der sich durch die Mobilisierung Ihres Körpers auftut?

Folgende Übungssequenz dient ebenso der Energiemobilisierung:

Sie liegen wieder in der Ausgangsstellung auf der Matratze oder dem Boden und haben diesmal eine zusammengefaltete Decke, die nicht zu dick sein darf, unter Ihrem Steißbein, Becken liegen, so daß das Becken etwas angehoben ist.

Es handelt sich wieder um eine Abfolge dreier Bewegungsarten, die zunächst einzeln geübt werden: mit den Füßen auf den Boden trampeln, die Beine hochnehmen und in der Luft fahrradfahren und die Beine mit gebeugten Knien in die Luft strecken, so daß die Zehen zum Gesicht gebeugt sind und die Fersen zur Decke in die Luft drücken. Machen Sie beim Trampeln und Fahrradfahren große und ausholende Bewegungen und strengen Sie sich ruhig an. Spüren Sie jeweils in der Ruhepause dazwischen Ihren Körper und Ihr Erleben.

Zur Erinnerung noch etwas zu den Beinen, die senkrecht über dem Becken in die Luft gestreckt sind. Die Knie sind dabei leicht gebeugt und die Füße im Fußgelenk angespannt, so daß die Zehen zum Gesicht zeigen und gleichzeitig die Ferse nach oben weggedrückt wird. Halten Sie diese Spannung bei, ohne in eine wie auch immer geartete Bewegung zu gehen. Obwohl diese anstrengende Übung Sie dazu verleitet aufzuhören, bleiben die Beine trotzdem senkrecht in die Luft gestreckt. Atmen Sie laut, wenn es anstrengend wird.

Bringen Sie nun Ihren Körper wieder über einen Zeitraum von 10 bis 20 Minuten in Bewegung und nutzen Sie dabei die drei Ausdrucksmöglichkeiten. Wenn Sie die eine nicht mehr möchten oder es zu anstrengend ist, wechseln Sie vom Trampeln zum Fahrradfahren usw. Ohne Pause. Im Anschluß daran bleiben Sie wieder einige Minuten ruhig liegen und ruhen sich aus. Spüren Sie, was in Ihnen passiert, was Sie denken und fühlen. Wie fühlen Sie sich bei der Energiemobilisierung? Was passiert dabei im Körper, und was denken Sie über die Energiemobilisierung? Es kann sein, daß Sie sich wohlig erschöpft nach der Anstrengung fühlen, obwohl Ihre Gedanken Anstrengung an sich nicht gerade schätzen.

Machen Sie sich klar, daß **die Logik des Kopfes nicht der Logik Ihres Körpers entsprechen muß**.

Sie liegen wieder in der Grundstellung auf der Matratze und haben den Mund leicht geöffnet. Beginnen Sie, mit dem Daumen Ihre Kiefernmuskeln zu massieren, so daß Druck spürbar wird. Massieren Sie ihn für ca. 15 bis 20 Atemzüge. Lassen Sie los und fühlen Sie nach. Beginnen Sie erneut mit der Massage. Wiederholen Sie dies einige Male. Wie geht es Ihnen? Werden Sie vielleicht etwas ärgerlich, entmutigt weiterzumachen oder schmerzt die Massage? Beginnen Sie nun, mit den Füßen wie beim Laufen eine Weile auf die Matratze zu trampeln, um danach ohne Pause wieder mit dem Massieren der Kiefermuskeln zu beginnen. Wiederholen Sie dies mehrere Male und spüren Sie anschließend nach.

Wenn Sie die Übung mit Ihrem Begleiter zusammen machen, bitten Sie ihn, Sie zu massieren. Teilen Sie ihm mit, wenn es zuviel ist, wenn es schmerzt und wenn er aufhören soll. Bestimmen Sie selbst Ihre Grenze! Spüren Sie Ihre Kiefermuskeln, den konstanten Druck, vielleicht den

Schmerz. Spüren Sie die tiefer gehende Atmung und befreien Sie sich durch das anschließende Trampeln mit den Füßen auf die Matratze.

Überlegen Sie jetzt, wie Sie in Ihrem Leben mit Ärger und Wut klarkommen. Fressen Sie Ärger in sich hinein? Schießt Ihr Ärger über? Wie ist es, wenn andere auf Sie ärgerlich sind und Ihr Ärger auf jemanden gerichtet ist? Fällt es Ihnen noch genauso leicht, Ihrem Ärger Ausdruck zu verleihen? Sind Sie gar erschreckt, wenn Ihnen jemand gegenübersteht, mit dem Sie wie im offenen Zweikampf aneinandergeraten sind? Oder freuen Sie sich, sich endlich mal Luft zu machen?

Leben heißt immer auch Ärger. Sorgen Sie dafür, daß Sie dieses Gefühl ebenso intensiv spüren und zum Ausdruck bringen wie andere Gefühle.

Legen Sie sich wieder auf den Rücken, drücken Sie den Kopf und das Becken auf die Matratze, so daß der Rücken sich wie im Hohlkreuz anhebt. Sie berühren nur noch mit Kopf, Po und Füßen die Matratze. Bleiben Sie so lange in dieser Haltung, bis es zu anstrengend wird, und ruhen Sie sich dann aus.

Foto 8

Bringen Sie danach den Körper in eine entgegengesetzte Haltung: Heben Sie Becken, Kopf und Schultern leicht an, so daß sich der Rücken wie ein Rundrücken beugt. Sie liegen nur noch mit dem Rücken und den Füßen auf dem Boden. Halten Sie diese Position, bis Sie ermüden, und fühlen Sie anschließend wieder nach.

Nehmen Sie diese Positionen ca. 15 Minuten lang abwechselnd ein, ohne jeweils eine Ruhephase dazwischenzuschalten. Bleiben Sie anschließend für eine längere Zeit ruhig und entspannt liegen.

Foto 9

»» Fallübungen

Die Bioenergetik befaßt sich eingehend und ganzheitlich mit dem Organismus des Menschen, dem Zusammenspiel von Körper, Gefühl, Verstand und Handeln. Grundsätzlich drückt sich dies in dem für jeden Menschen individuell unterschiedlichen Bezug von **körperlich begründeter Emotionalität und kognitiver Kontrolle** aus. Die psychophysischen Prozesse, die sich in kommunikativen Bezügen manifestieren, finden ihre Besonderheit in dem speziellen Zusammenspiel von Denken und Fühlen. Dies ist bei jedem Menschen individuell ausgeprägt. Das sog. Verhältnis von «Kopf und Körper» kann in der Trennung von Kopf und Körper, Kopflosigkeit, Kopflastigkeit, Gefühlsduselei u. a. bestehen.

In Management, Spitzensport und Politik regiert zumeist der Kopf, das Kalkül, das Denken, die Strukturierung usw. Kopf und Körper gelten, um in Begriffen des Zeitgeists zu reden, als getrennt. Vielfach will man aber heute den Teufel mit dem Beelzebub austreiben, indem man gefühlsbetont und körperbezogen den «Kopf», die Funktion des Denkens als Störfaktoren vernachlässigt.

»» Kopf und Körper

Es ist nun so, daß körperliche Vorgänge neurophysiologisch mit dem Gehirn, dem Kopf gekoppelt sind und umgekehrt. Nehme ich mir etwas vor, so hat das Einfluß auf meinen Körper, genauso wie die körperlichen Prozesse wiederum mein Denken prägen.

Die Bioenergetik befaßt sich ausführlich mit dem **Zusammenspiel von Kopf und Körper**. Der Körper wird gleichgesetzt mit dem Gefühl, mit spontanen Reaktionen und dem persönlichen Erleben. Der Kopf mit dem Denken, dem Erinnern, dem Strukturierungsvermögen und der kognitiven Kontrolle fungiert dabei als ein wesentliches menschliches Regulativ, sich in der Welt entwickeln, verwirklichen zu können.

Alexander Lowen beschreibt die Spannung zwischen Kopf und Körper in der heutigen Zeit als spezifisches Spannungsverhältnis: «**Der Wille zu leben und der ‹körperliche› Wunsch zu sterben.**»

Der Wille ist ein Instrument des Egos, weil er für die Fähigkeit steht, die Körperbeweglichkeit, also die Funktion der willkürlichen Muskeln, zu koordinieren. Jeder Willensakt ist also ein Ausdruck von Entschlossenheit. Zum Beispiel kann der

Satz «**Ich will das tun**» auch als «**Ich bin entschlossen, das zu tun**» ausgedrückt werden. In beiden Aussagen ist impliziert, daß es ein Hindernis gibt, gegen das der Wille arbeitet, denn – falls es kein Hindernis für einen Impuls gibt – ist der Wille nicht notwendig. Man braucht seinen Willen nicht, um etwas zu tun, was man sowieso tun möchte. Es bedarf nämlich keiner Willenskraft, zu essen, wenn man hungrig ist, oder zu schlafen, wenn man müde ist. Man braucht vielmehr dann seinen Willen, wenn man dem Impuls, essen zu wollen, wenn man hungrig ist, oder schlafen zu wollen, wenn man müde ist, widerstehen möchte. Man braucht weder eine bewußte Anstrengung noch den Willen, um etwas zu tun, was natürlich vor sich geht.

«**Der Wille zu leben**» meint dann, an einer Persönlichkeitsstruktur und festgefahrenen Lebensvorstellungen festzuhalten, auch wenn die Möglichkeiten der Bedürfnisbefriedigung und der persönlichen Entfaltung, nur eben auf eine andere Art, in greifbarer Nähe liegen. «**Der Wunsch zu sterben**» meint, hierauf zu verzichten.

Wie kann man nun die Beziehung zwischen Verstand, Steuerung und Kontrolle auf der einen Seite und Gefühl, innerem Loslassen und den (körperlichen) Bedürfnissen auf der anderen durch Übungen aufgreifen, so daß sie für den einzelnen erlebbar und verstehbar wird? Aber nicht nur das: Wie kann die Arbeit mit dem Wechselspiel von Kopf und Körper hilfreich sein bei dem Wagnis, den Willen zu lockern und die Wünsche zu wecken?

Die Fallübungen in der Bioenergetik ermöglichen sowohl das (Nach-) Erleben der persönlichen, problematischen Beziehung von Kopf und Körper als auch die Befreiung des Körpers, der Persönlichkeit von lebensgeschichtlichen Hemmungen, die sowohl im Kopf als auch im Körper verankert sind. Der Mensch wird während der Übungen u. U. mit tiefen Gefühlen wie Angst, Wut, Schmerz und noch nie erlebten körperlichen Reaktionen konfrontiert. Gleichzeitig wird gerade durch diese Erfahrung das alte Spannungs- und Haltungsmuster wachgerüttelt, so daß dieses erlebbar und verstehbar wird. Die Lockerung der Kontrolle und das Wecken bislang abgewehrter, unbewußter Gefühle und Bedürfnisse **bereichern den inneren Raum des Erlebens und fördern eine neue Entwicklungsdimension der Persönlichkeit**. In der Regel tritt im Anschluß an die Fallübungen eine tiefe Entspannung und Regeneration ein.

»» ___ Praktisch heißt das:

Einige der Fallübungen können Sie wahlweise als Einzelübung oder in bezug zueinander durchführen. Teilweise werden die Übungen liegend oder im Stehen durchgeführt. Achten Sie darauf, daß Sie sich zuvor eine Weile aufgewärmt, gedehnt, gestreckt und die körperlichen Energien mobilisiert haben.

In allen Fallübungen wird die körperliche Anspannung und die innere Spannungshaltung durch die Anleitung der Übung verstärkt. Es gilt grundsätzlich die Aufgabe, so lange wie es geht stehen oder nach hinten gebeugt zu bleiben. Nehmen Sie sich vor, sich innerlich nicht loszulassen, bis Sie Ihre Belastungsgrenze spüren, den Körper nicht mehr halten können und hinfallen.

»» Hier eine vorbereitende Übung: Stellen Sie sich in die Grundstellung. Üben Sie alleine, so stellen Sie einen Stuhl vor sich und halten Sie sich an der Stuhllehne – zur Balance – fest. Sind Sie zu zweit, stellen Sie sich voreinander hin und halten Sie sich bei den Händen.

Beginnen Sie jetzt, langsam, wie in Zeitlupe, in die Hocke zu gehen. Achten Sie darauf, daß Sie bei der Atmung nicht unbewußt die Luft anhalten. Atmen Sie laut, sobald es anstrengend wird. Es dauert viele Atemzüge, bis Sie in der Hocke sind. Erreichen Sie kurz vor der Hocke den Punkt, an dem Sie schnell nach unten möchten, führen Sie bitte Ihre Bewegung weiterhin sehr langsam durch, auch wenn es unangenehm ist und schmerzt. Es ist unerheblich, ob Sie mit dem ganzen Fuß am Boden bleiben oder ob Sie die Fersen anziehen. Letzteres ist gewiß ein Indiz dafür, daß Sie weiterhin Übungen für Ihre Fußgelenke und Ihre Füße machen sollten. Heben sich die Fersen ab, legen Sie sich eine zusammengefaltete Decke unter die Ferse, damit Sie mit der ganzen Fußsohle Kontakt am Boden haben.

Verweilen Sie einen Augenblick in der Hocke, kommen Sie dann genauso langsam wieder hoch. Dies ist besonders schwierig. Auch wenn es mühsam ist, atmen Sie laut. Sobald Sie stehen – die Beine sind leicht angewinkelt –, spüren Sie absichtslos in Ihren Körper und lassen Sie Ihrer inneren Wahrnehmung, Ihrer Aufmerksamkeit freien Raum.

Wiederholen Sie diese Übung noch zweimal. Die Anstrengung wird gewiß stärker werden. Atmen Sie immer wieder tief in den Bauch, auch wenn es anstrengend ist, mit Geräuschen – auch wenn Sie sich erst daran gewöhnen müssen. Die langsamen Bewegungen rufen das Zittern, Vibrieren oder Zucken Ihrer Beine hervor, das sowohl Zeichen Ihrer Anstrengung ist, aber auch Ausdruck eines körpereigenen Prozesses, die übersteigerte Anstrengung nicht mehr halten zu können, um innerlich loszulassen.

Als Variation dieser Übung können Sie jeweils auf einem Bein langsam in die Hocke gehen und sich wieder aufrichten.

Ebenso können Sie die Übung weiter verändern, indem Sie sich nach vorne beugen und die Elefantenstellung einnehmen. Die Fingerspitzen bleiben zur Balance am Boden, ohne daß sich Ihr Gewicht auf die Fingerspitzen verlagert. Ein Bein wird nach hinten gestreckt, auf dem anderen gehen Sie nun langsam in die Hocke, kommen ebenso langsam wieder hoch. Denken Sie dabei an die laute Atmung! Spüren Sie, was in Ihrem Körper passiert und wie sich Ihre Stimmung entwickelt. Vielleicht taucht Ärger auf – aus Wut und Erschöpfung –, der ein Indiz für Gefühle und Stimmungen Ihres alltäglichen Lebens ist, wenn es nämlich dort anstrengend ist. Wie kommen Sie im Alltag mit diesen Gefühlen klar? Können Sie sie erleben, ausdrücken und auf andere Menschen beziehen? Oder Ihre Umstände, die Ihnen Anstrengung bereiten, ändern? Oder verbergen Sie Ihren Ärger vor anderen und schlucken all das, was Ihnen Mühe bereitet? Oder aber entlädt Ihr Ärger sich so heftig, daß Sie überhitzt reagieren und wie ein Choleriker andere Menschen anbrüllen?

Energetische Aufladung hat immer etwas mit der Fähigkeit zu tun, Energie aufzubauen, zu verdichten, zu formen, loszulassen und wieder auszudrücken. Aufladung, Erleben und Entladung der Überschußenergie ist eine spezifisch menschliche Eigenschaft. Nach Alexander Lowen, dem Begründer der Bioenergetischen Analyse, gibt es zumindest zwei energetische Potentiale, die jeweils einen Ort im Körper als Zentrum und eine spezifische Richtung der Ausdehnung haben:

- Die Energieentwicklung geht vom Zentrum zur Peripherie des Körpers.
- Es gibt drei Energiereservoirs: Kopf, Brust, Becken, die durch regulative Verbindungen (Hals-Nacken-Bereich, Gürtellinie, Kontakt zum Boden) in Zusammenhang stehen und Energie freisetzen.

Gefühle, Gedanken, Erinnerungen und Stimmungen des Menschen werden durch die sog. Überschußenergie gespeist. Sie ist viel intensiver als die Körperenergie und beeinflußt in einem wesentlichen Maße die Persönlichkeit eines einzelnen.

Es ist eine Sache der Übung, der Selbstbeobachtung und Einschätzung durch andere, sich über den jeweils persönlichen Zusammenhang von Energiefluß, Formgewinnung, lebensgeschichtlicher Prägung und persönlichem Ausdruck klar zu werden. Sich in diesem Zusammenspiel in den Kreislaufprozessen von Energiefluß und persönlicher Ausdrucksform zu erfahren, stärkt das Gefühl von Identität für sich selbst: nämlich ein **lebendiges Wesen** zu sein und sich im Lauf des Lebens, des Alltags **als einzigartig** zu erleben. Dies führt gleichzeitig zu der **Erfahrung und zum Bewußtsein, trotz Entwicklung und Veränderung derselbe zu bleiben, Konstanz zu haben.**

Schließlich weckt die bioenergetische Arbeit, die Arbeit mit dem Energiefluß und der persönlichen Ausdrucksform ein Gefühl und Bewußtsein für den lebensgeschichtlich erworbenen Körper.

»» ___ Nur weiter so!

»» Stellen Sie sich vor eine Matratze. Achten Sie darauf, daß die Matratze dick genug ist, damit Sie sich beim Fallen nicht verletzen, oder legen Sie einfach eine zweite Matratze darauf. Stellen Sie sich davor und heben Sie die Arme hoch, schließen Sie die Augen und bleiben Sie einige Atemzüge so stehen. Lassen Sie sich dann – wenn Sie wollen – nach vorne auf die Matratze fallen. Bleiben Sie liegen und lassen Sie Ihrer Atmung freien Lauf. Wiederholen Sie diese Übung zwei- bis dreimal.

Wie ist es Ihnen dabei ergangen? Fiel es Ihnen schwer, sich fallen zu lassen? Was passierte in dem Moment des Fallens? Hatten Sie dabei einen besonderen Gedanken? Ein besonderes Gefühl? Und wie geht es Ihnen jetzt, wenn Sie liegen? Möchten Sie gleich wieder aufstehen und weitermachen oder sind Sie froh, daß es vorbei ist? Wie fühlt sich Ihr Körper an? Hatten Sie Angst beim Fallen?

»» Führen Sie nun die Übung so durch, daß Sie sich mit dem Rücken zur Matratze stellen, und verfahren Sie wie in der Übung zuvor. Nehmen Sie die Arme hoch, schließen Sie die Augen und lassen Sie sich nach einer Weile fallen. Wenn das Fallen mit geschlossenen Augen zu schwierig ist, können Sie die Übung auch mit offenen Augen machen. Eine gute Möglichkeit, die Übung zu variieren, ist, während des Fallens mit geschlossenen Augen einen Moment lang die Augen zu öffnen, um sie dann im Liegen wieder zu schließen. Spüren Sie den Unterschied?
Machen Sie die Übung zu zweit, so können Sie Ihren Partner beim Fallen ansehen und versuchen, mit ihm Augenkontakt zu halten.

Wie ergeht es Ihnen jetzt bei der Übung? Was fällt leicht, was schwer? Können Sie die Erfahrung der Übung mit Ihrer Alltagserfahrung in Verbindung bringen? Erinnern Sie sich an Situationen, die mit Fallen zu tun haben. Auf der Kirmes, einer Schaukel oder wenn Sie auf einem hohen Berg stehen oder wenn Ihnen auf einem Balkon schwindelig wird. Wie empfinden Sie es, Ihr Kind durch die Luft kreisen zu lassen und durch die vielen Drehungen selbst die Balance zu verlieren?

Kinder haben Spaß daran, sich fallen zu lassen. Mit zunehmendem Alter handelt der Mensch rationaler und verlernt, sich in sein Gefühl fallen zu lassen. Daher rühren viele Probleme bei den Übungen.

»» Spielen Sie mit der Ausgestaltung der Fallübungen nach Ihrem Gutdünken. Machen Sie die Übungen zum Beispiel auf einem Bein, die Sie zuvor auf zwei Beinen gemacht haben. – Hier ein neuer Variationsvorschlag:

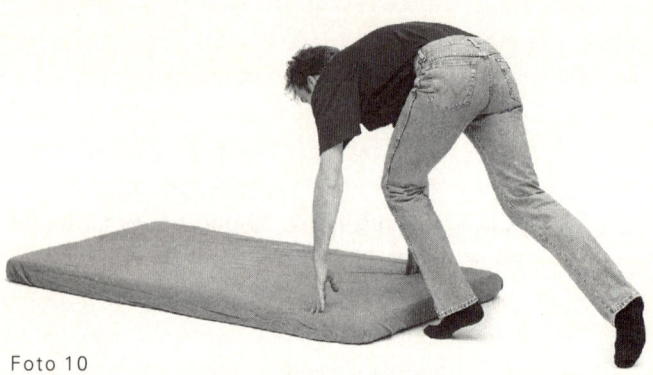

Foto 10

Stellen Sie sich auf ein Bein, gehen Sie in die Elefantenstellung, die Finger bleiben zur Balance am Boden. Das andere Bein ist nach hinten abgewinkelt, die Zehen berühren leicht den Boden, ohne sich abzustützen. Das Körpergewicht ruht auf dem Standbein. Heben Sie nun die Ferse des Standbeins, beugen Sie das Knie des Standbeins und halten Sie die Belastung, die Anstrengung des Stehens aus. Bleiben Sie stehen und atmen Sie, auch wenn es mühsam wird. Die Anstrengung nimmt weiter zu, und Sie werden sich wahrscheinlich fragen, warum Sie sich dieses alles antun. Bleiben Sie dennoch, wenn Sie zu zweit üben, unterstützt durch Ihren Partner, weiterhin stehen.

Geht es nicht mehr, so lassen Sie sich auf die Matratze vor Ihnen fallen und bleiben Sie liegen, um Ihren Empfindungen nachzugehen. Merken Sie die Anstrengung in

Ihrem Körper? Besonders aber im Bein? Bleiben Sie eine Weile liegen und erholen Sie sich, um dann auf dem anderen Bein die gleiche Übung zu machen, bis Sie wirklich nicht mehr können. Wiederholen Sie die Übung mehrere Male.

Lowen sagt übrigens: «Das erste Mal ist zum Kennenlernen, das zweite Mal zum Üben und das dritte Mal zum Genießen.» Also nur zu!

Es kann sein, daß halb-autonome Körperreaktionen wie Zucken, Zittern, überschießende Wärme, Prickeln usw. auftauchen. Manche freuen sich, wenn der Gedankenfluß, der innere Film für einen Augenblick unterbrochen wird. Gönnen Sie sich diese Chance, diese Erholung und **experimentieren Sie mit Ihrer Belastbarkeit.** Nicht um eine Höchstleistung zu vollbringen, sondern um den Spannungsbogen zwischen Kopf und Körper, zwischen Stehenbleiben und Loslassen aufzubrechen. Sie können sicher sein, die anschließende Phase der Regeneration wird auf jeden Fall tief und kraftspendend sein. Diese kommt nämlich ganz von selbst – ohne Ihr Zutun!

»» Stellen Sie sich wieder vor die Matratze, beugen Sie den Oberkörper so vor, daß die Wirbelsäule parallel zum Boden ist. Strecken Sie die Arme nach vorne, heben Sie die Fersen und beugen Sie Ihre Knie. Diese Haltung ist besonders anstrengend für Beine, Rumpf, Schultern, Arme und Nacken. Bleiben Sie dennoch so stehen! Spüren Sie Ihre Körperempfindungen und atmen Sie laut, wenn es anstrengend ist. Verlieren Sie die Balance, so stützen Sie sich mit den Fingern vorsichtig für einen Moment ab, aber verlagern Sie nicht das Gewicht auf die Finger. Heben Sie dann wieder die Arme und bleiben Sie auf dem vorderen Teil der Füße so lange stehen, bis der Körper auf die Matratze fällt.

»» Seien Sie Ihr eigener Freund

Werden Sie vertraut mit der Anstrengung und Ihrem Bemühen um Gleichgewicht. Gehen Sie beim ersten Mal nicht gleich bis zum Äußersten Ihres Leistungsvermögens. Werden Sie vertraut mit der ansteigenden Anspannung, mit dem inneren Widerstreit zwischen Kopf und Körper, respektive Ihrem Erleben, Ihrem Gefühl, Ihren Forderungen an den Körper, nämlich durchzuhalten, und dem Wunsch nach Entspannung. Steigern Sie allmählich Ihre Anstrengung und verlängern Sie die Zeit des Stehens. Sie werden überrascht sein, wenn Sie nach einer Weile des Übens eventuell weniger lange stehen bleiben können. Das Zittern und Vibrieren raubt Ihren Beinen das Vermögen stehen zu bleiben. Das Fallen ist wahrscheinlich eine autonome Reaktion des Körpers, um, wie manche es ja zu Genüge probieren, nicht ewig stehen bleiben zu müssen!

Bleiben Sie nach den Fallübungen jeweils liegen und gönnen Sie sich lange Ruhephasen. In der Regel tauchen Gefühle, Erinnerungen und Stimmungen auf, die wahrscheinlich zuvor zurückgehalten, nicht beachtet oder verdrängt wurden. Vielleicht haben Sie Kummer, vielleicht denken Sie an eine schwierige Situation in Ihrem Leben, an einen Konflikt mit Ihrem Partner. Sind Sie eher jemand, der stehen bleibt und durchhält, oder jemand, der eher schwach wird und kein Durchhaltevermögen hat? Fallen Ihnen Erinnerungen, Ereignisse aus Ihrer Kindheit ein, die mit Stehenbleiben oder Fallenlassen zu tun haben? Wer hat Ihnen beigebracht, durchzuhalten und stehen zu bleiben? Wer hat Ihnen die Kraft geraubt, selbst genügend Energie zu entwickeln, sich zu behaupten?

Wie geht es Ihnen jetzt, heute, wenn Sie daran zurückdenken? Werden Sie ärgerlich, traurig? Machen Sie sich klar, was in Ihrem Leben passiert ist und daß jede Anstrengung notwendig war, um die Probleme des Lebens anzugehen, zu mei-

stern. Heute geht es aber auch darum, zu lernen, Ihr Wohlbefinden zu fördern und nicht um jeden Preis durchzuhalten.

»» Stellen Sie sich vor die Matratze, hinter Ihnen steht ein
Stuhl, an dem Sie sich zur Balance festhalten können.
Beugen Sie leicht Ihre Knie, heben Sie die Fersen und
schieben Sie Ihr Becken nach vorne, so daß der Körper
eine leichte Bogenhaltung einnimmt. Wahrscheinlich
werden Ihre Beine unsicher sein. Bleiben Sie stehen, solange Sie können. Verlieren Sie die Balance, stützen Sie
sich kurz an der Stuhllehne ab oder schauen Sie auf einen
Fleck an der Wand oder auf die Matratze, auf die Sie später fallen werden. Atmen Sie laut, wenn es anstrengend
wird. Nachdem Sie gefallen sind, bleiben Sie eine Weile
liegen.

Machen Sie diese Übung zwei- oder dreimal und vergegenwärtigen Sie sich die **inneren «Mutmacher»**, Sätze, die Sie
kennen, die Ihnen das Durchhalten erleichtern.
  Was empfinden Sie beim Fallen und beim Liegenbleiben?
Was ändert sich in Ihrem körperlichen Erleben? Tauchen
überraschende Erinnerungen auf? Wie kommen Sie mit dem
Gefühl von Schmerz klar? Spüren Sie einen Impuls, sofort abzubrechen, oder erdulden Sie die Schmerzen?

»» Haben Sie noch nicht genug?

»» Eine weitere, intensivere Fallübung ist folgende: Stellen
Sie sich mit den Füßen ca. 25 cm auseinander vor eine
Matratze und heben Sie die Fersen so hoch, wie Sie kön-
nen. Sie stehen nur noch vorne auf den Fußballen und
Zehenspitzen. Stützen Sie sich zur Balance auf den hinter
Ihnen stehenden Stuhl, drücken Sie das Becken nach
vorne, so daß der Körper wie ein Bogen gespannt ist, und
bleiben Sie in dieser Haltung. Wahrscheinlich schmerzt

Sie die Übung, so daß sie nicht mehr stehen können, versuchen Sie dennoch, dies auszuhalten, und atmen Sie gegebenenfalls laut!

Wenn Sie die Fallübungen im Stehen machen, können Sie diese variieren, indem Sie die Arme suchend, flehend nach vorne ausstrecken, so als würden Sie sie jemandem entgegenstrecken, damit er sie hält oder aus der Not befreit. Oder aber Sie strecken die Arme nach vorne, ballen Ihre Hände zu Fäusten, um Ihr Bemühen, stehenzubleiben, zu unterstreichen. Vielleicht hilft das Schütteln der Arme und Fäuste auch, die Atmung und die Stimme zu lockern bzw. Ihrem Gefühl Ausdruck zu verleihen. Bleiben Sie aber immer wieder stehen!

Zwei weitere Fallübungen werden im Liegen durchgeführt:

Legen Sie sich auf den Rücken, die Füße sind aufgestützt, die Augen geschlossen, der Mund leicht geöffnet. Heben Sie den Kopf hoch und halten Sie ihn angehoben, bis Sie nicht mehr können und Ihr Kopf von alleine auf die Matratze fällt. Bleiben Sie dann ruhig liegen und fühlen Sie nach. Wiederholen Sie dies mehrere Male, bis Ihre Atmung tiefer und das Erleben intensiver wird.

Sie können die Übung leicht verändern, indem Sie die Füße vom Boden anheben (fünf bis zehn Zentimeter, nicht höher). Halten Sie Kopf und Füße hoch, so lange, bis Füße und Kopf gleichzeitig herunterfallen. Sie werden erleben, daß dadurch der ganze Rumpf unter Spannung gebracht wird. Somit werden beim Loslassen Bauch, Becken, Brust und Schultern gleichzeitig gelockert. Möglicherweise wird dann ein Zucken im Körper spürbar – oder eine wellenartige Bewegung, die mit dem Gefühl von Erleichterung verbunden ist. Wenn Sie sich an die vielfältigen Varianten hinsichtlich der Körperhaltungen und Bewegungen erinnern, dann sehen Sie auch jetzt bei den Fallübungen im Liegen, daß Sie die Arme, das Becken mit einbeziehen können.

Heben Sie die Arme (bzw. das Becken, beide gemeinsam, oder Becken und Kopf) eine Weile hoch, bis Sie nicht mehr können, und lassen Sie sie dann fallen. Atmen Sie und spüren Sie, ob ein Impuls wachgerüttelt wird, der Ihnen hilft, Ihr Bild von sich selbst zu vervollständigen, mit tiefen Gefühlen verbunden ist und einen unmittelbaren nachhaltigen Einfluß auf Ihr Körpererleben hat.

Foto 11

»» Zeitlupenübungen (slow motion)

Bioenergetische Übungen haben unterschiedliche Intentionen. Die Mobilisierungs- oder Fallübungen greifen direkt in das psychophysische Zusammenspiel von Atmung, Muskeln, kognitiver Kontrolle, Erleben u. a. ein. Sie **wirken emotional tief** und bewirken oft überraschende Erfahrungen. Für viele sind solche Übungen der erste Schritt nach der Aufwärmphase, sich eingehender mit dem eigenen Körper zu befassen.

Die Slow-motion-Übungen (Übungen im Zeitlupentempo) stellen eine andere Phase der Körpererfahrung in der bioenergetischen Arbeit dar. Sie bauen sinnvollerweise auf der Energiemobilisierung auf, da es nun darum geht, sowohl die **differenzierte Wahrnehmung der Körpererfahrung** zu fördern, als auch die geweckten Impulse, Gefühle, Erinnerungen, die zuvor freigesetzt wurden, frei sich entwickeln zu lassen, sie zu **integrieren**.

Nehmen Sie sich bei den folgenden Übungen also **viel Zeit** und Ruhe. Auch wenn Sie denken, Sie würden die Übungen bereits langsam machen, möchte ich Sie bitten, die jeweilige Bewegung noch langsamer durchzuführen. Viele erleben dies als Einladung, die Zeit und alle störenden Gedanken beiseite zu schieben. Andere erleben sich aber gerade durch die Zeitlupenbewegung herausgefordert oder gar emotional provoziert. Stellen Sie sich darauf ein, daß die Übungen 20, 30 oder gar 40 Minuten lang dauern können. Wenn Sie die Übung zu zweit machen, kann der Begleiter Ihre Körperhaltung, die Bewegung leicht und behutsam im Sinne der Übungsanleitung korrigieren.

»» Legen Sie sich in die Grundstellung. Die Beine sind angewinkelt, die Augen geschlossen und der Mund leicht geöffnet.

Beginnen Sie dann langsam, die Beine zur Seite zu klappen, bis sie ganz geöffnet sind. Lassen Sie sie dann eine Weile ruhen, um sie wieder genau so zu schließen. Stellen Sie sich dabei vor, daß die Beine sich wie Schmetterlingsflügel ganz langsam zur Seite öffnen und wieder schließen. Nehmen Sie sich für **eine** Bewegung des Öffnens und Schließens ca. 20 bis 30 Minuten Zeit. Erschrecken Sie nicht über die Länge der Übung, sondern **vergessen Sie die Zeit**. Besinnen Sie sich auf sich, Ihren Körper und folgen Sie den Körperimpulsen wie bei einer Entdeckungsreise. Wenn Gedanken und Bilder vor dem inneren Auge auftauchen, lassen Sie sie wieder wegziehen. Spüren Sie das Zittern, das Zucken und Vibrieren der Beine, während Sie die Beine schließen. Verweilen Sie einen Augenblick in halber Höhe, so daß die Beine stärker zittern können. Auch wenn es zwischendurch geringer wird oder verschwindet, wird es nach einer Weile wiederkommen und ganz unterschiedliche, spontane Gedanken, Gefühle wecken.

Foto 12

Lassen Sie sich durch diese unvorhergesehene Entwicklung nicht irritieren, indem Sie sich die Vorgänge erklären wollen. Verstehen Sie alles als eine Chance, die weißen Bereiche auf der Landkarte in Ihrem Inneren zu entdecken und zu erforschen. Beenden Sie die Übung, indem Sie sich auf die Seite legen, evtl. leicht zusammengekauert. Lassen Sie die Gefühle, die Bilder und Erinnerungen aus Ihrer Kindheit, die körperlichen Empfindungen nachwirken und ausklingen. Wie ist Ihre Stimmung dabei? Können Sie auch sonst im Leben emotional derart nachgeben und sich persönlich Zeit nehmen? Zeit nur für sich selbst? Wiederholen Sie diese Slow-motion-Übung im Abstand von einigen Wochen und spüren Sie den Erfahrungsunterschied.

142

Hier eine weitere Slow-motion-Übung im Sitzen:
Sie sitzen auf dem Boden. Entweder sind die Füße aufgestützt, oder die Beine bleiben leicht angewinkelt vor Ihnen ausgestreckt. Beginnen Sie dann, langsam nach hinten zu sinken. Legen Sie Ihren Körper, indem Sie Wirbel
für Wirbel loslassen, auf den Boden, so als würden Sie
eine Perlenkette Perle für Perle auf einen Tisch rollen lassen. Bleiben Sie bei der langsamen Bewegung, auch
wenn Sie zwischendurch den Wunsch haben, sich einfach fallen zu lassen. Denken Sie daran, bei der Anstrengung laut zu atmen. Auch wenn die Schultern bereits am
Boden liegen, möchte ich Sie bitten, den Kopf ebenso
langsam sinken zu lassen, bis er vorsichtig die Matratze
oder den Boden berührt. – Machen Sie eine Pause.
Führen Sie die Übung ein zweites Mal durch. Verbleiben
Sie aber jetzt auf halber Höhe, sobald Sie im Bauch ein
Zucken spüren. Nach ca. 6 bis 10 Atemzügen lassen Sie
sich langsam weiter hinuntersinken. – Wieder 'ne Pause.
Beim dritten Mal wird es schwieriger: Bleiben Sie auf halber Höhe, ohne sich weiter runtersinken zu lassen. Atmen Sie bei der Anstrengung mit einem Geräusch, mit einem Ton aus, aber verbleiben Sie in dieser Sitzhaltung,
auch wenn es anstrengend ist.
Wenn Sie wirklich nicht mehr können, lassen Sie den
Rumpf langsam weiter nach unten sinken und spüren Sie
Ihren Körper und Ihre Stimmung. Bleiben Sie einige Minuten so liegen, damit sich der Körper regenerieren
kann. Was für Gedanken und Gefühle tauchen auf? Wie
sind Sie mit der Anstrengung innerlich klargekommen?
Genießen Sie Ihre Gefühle von gelöster, lockerer Zufriedenheit und Ruhe.

Die bioenergetischen Übungen wirken, wie Sie inzwischen bemerkt haben, über den Umweg der Anstrengung, der Belastung, gewissermaßen **ins nachhinein entspannend**, erholend und beruhigend. Die Entspannung des Organismus geschieht dann «von selbst» und bewirkt seine **innere Neustrukturierung**. In Ihnen entsteht eine erhöhte Wachheit für die Vorgänge in Ihrem Körperinneren, für ein Gefühl von lebendiger Verbundenheit mit Ihrem Körper, mit Ihren Gefühlen, mit Ihren Gedanken und Erinnerungen.

»» Im folgenden möchte ich Ihnen eine weitere Slow-motion-Übung vorstellen:

Legen Sie sich auf den Boden. Die Beine werden angewinkelt, die Füße sind aufgestützt. Kippen Sie die Füße so, daß die Zehen zu Ihrem Gesicht zeigen und Sie die Spannung in den Knöcheln spüren. Bewegen Sie nun mit den angespannten Knöcheln die Füße langsam weg vom Körper, bis die Beine gestreckt sind. Halten Sie dabei immer die Spannung im Knöchel. Verbleiben Sie einen Moment und ziehen Sie die Füße langsam wieder zu sich heran. Die Übung dauert 15 bis 20 Minuten. Die Beine, insbesondere das Fußgelenk, werden angespannt. Die Wirkung der Übung werden Sie in Form von heftigem Zucken, Vibrieren und «Wackeln» im ganzen Körper spüren.

Wenn Sie bei der Übung sitzen, stützen Sie sich **nicht** mit den Händen auf dem Boden ab. Halten Sie sich durch die Anspannung des Bauchs und der Rückenmuskeln. Öffnen Sie bei der Atmung Ihren Mund, damit Sie die Anstrengung innerlich nicht festhalten.

Eine letzte Slow-motion-Übung findet im Stehen statt:
Hierbei handelt es sich um eine Übung, die besonders gut ist für diejenigen, die chronische Schulterschmerzen haben und

die «automatisch» ihre Schultern angespannt haben. Man erlebt sich dann mit der Aufmerksamkeit oft im Oberkörper
konzentriert, gefangen und spürt weniger den unteren Bereich des Körpers, den Bodenkontakt. Diese Menschen halten
ihren Streß in den Schultern fest, um ihn «zu meistern».

»» Stellen Sie sich in die Ausgangsstellung und beginnen Sie,
die Schultern ganz langsam anzuheben, bis Sie fast Ihre
Ohren berühren. Lassen Sie die Schultern genauso langsam wieder heruntersinken. Nehmen Sie sich etwa 20 bis
30 Minuten Zeit für die Übung. Sind Sie alleine, so öffnen
Sie die Augen gelegentlich zur Orientierung und zur Balance, oder wenn Sie Angst haben. Üben Sie mit einem
Begleiter, so lassen Sie die Augen die ganze Zeit über ge-

Foto 13

schlossen, auch wenn Sie unsicher stehen, schwanken oder das Gefühl haben, hinzufallen. Ihr Begleiter wird dann für Sie da sein und Sie auffangen, falls Sie wirklich fallen sollten.

Bewegen Sie die Schultern ganz langsam, atmen Sie immer wieder mal in den Bauch. Achten Sie auf die Geräusche Ihrer Atmung. Wie ist Ihr Gefühl, wenn die Schultern unbeweglicher werden, der Bauch eingezogen ist und Sie beim Stehen unsicher sind? Wenn die Schultern wieder unten sind, ruhen Sie eine Weile im Stehen und legen sich dann auf den Boden. Wie denken Sie jetzt über Ihr Leben, über Ihren Umgang mit Streß, über Ihre Beschwerden im Schulter-Nacken-Bereich?

»» Koordinierungsübungen

Jeder Mensch hat in seinem Leben eine bestimmte, für ihn typische Art der Koordinierung seiner Bewegungen erlernt. Die körperlichen Vorgänge stellen dabei ein in der Regel gut funktionierendes Zusammenspiel von aktiven und bremsenden Muskeln dar. Gleichzeitig wird dieses Zusammenspiel durch die Kontrolle und das mentale Bewußtsein «begutachtet». Koordiniert zu sein heißt somit, dem Wunsch, der Absicht oder der Aufgabe entsprechend sich bewegen zu können, zielgerichtet und effektiv zu sein, wenn es erforderlich ist, und gleichzeitig den Organismus nicht überzubeanspruchen. Bioenergetische Koordinierungsübungen dienen also einerseits der **Erfahrung der eigenen Koordinierungsmuster**, andererseits der **Schonung körperlicher und emotionaler Ressourcen**.

»» Legen Sie sich in der Grundstellung auf eine Matratze. Trampeln Sie bei dieser Übung nur mit einem Fuß, während der andere am Boden bleibt. Machen Sie dies eine Weile und fühlen Sie in Ihren Körper. Wiederholen

Sie das Trampeln später auch mit dem anderen Fuß. Was geschieht im Körper? Wie fühlt sich die rechte und die linke Körperhälfte an? Was für einen Einfluß hat diese Bewegung auf das Koordinierungsgefühl in Ihrem Körper? Können Sie den Unterschied zu der Übung, als Sie ein anderes Mal mit beiden Beinen abwechselnd getrampelt haben, spüren und in Worten beschreiben?

Sie können diese Übung auch mit den Armen machen oder auch mit Armen und Beinen gleichzeitig, indem Sie jeweils den rechten Arm und das rechte Bein aufschlagen und eine Weile in Bewegung bleiben. Was für einen Einfluß hat diese Bewegung auf Ihren Körper und Ihr ganzheitliches Erleben? Müssen Sie sich sehr anstrengen, um die Bewegung durchzuführen, zu kontrollieren? Haben Sie Spaß dabei? Wie empfinden Sie es, wenn Sie aus dem Takt kommen?

Schlagen Sie dann mit dem anderen Arm und dem anderen Fuß.

Verunsichern Sie Ihr persönliches Koordinierungsmuster, indem Sie den rechten Fuß mit dem linken Arm gleichzeitig bewegen und auf die Matratze schlagen. Machen Sie dies eine Weile, spüren Sie nach und machen Sie dann dasselbe mit dem linken Fuß und dem rechten Arm. Wie wirkt die **Mobilisierung einer diagonalen Achse** in Ihrem Körper? Was für Impulse werden geweckt?

Verbinden Sie nun die beiden **diagonalen Bewegungen**, indem Sie abwechselnd zunächst mit dem rechten Fuß und dem linken Arm, dann mit dem linken Fuß und dem rechten Arm klopfen. Lassen Sie sich dabei nicht irritieren. Beginnen Sie langsam, um dann das Tempo zu erhöhen. Auch wenn Sie aus dem Takt kommen, fangen Sie immer wieder mit einer der beiden diagonalen Bewegungen an. Bringen Sie Ihren Körper durcheinander. Lassen Sie die Kontrolle außer acht. Machen Sie diese Übung eine Weile, erkunden Sie Ihr Körpererleben und vergegenwärtigen Sie sich Ihre Bemühungen, den Bewegungsablauf weiterhin zu koordinieren. Die meisten Menschen müssen bei dieser Übung lachen. Sie schaffen es einfach nicht, so wie vorgeschlagen, sich länger und unverkrampft zu bewegen.

Lachen Sie jetzt selbst, während Sie die Übung machen, oder würde das Lachen Ihr Koordinierungsmuster – wie es bei kleinen Kindern, die gerade anfangen, laufen zu lernen, oft der Fall ist – außer Kontrolle bringen?

Sie können **Ihr Koordinierungsmuster herausfordern**, indem Sie die beiden diagonalen Bewegungen durchführen und dabei mit dem Kopf schütteln, so als wollten Sie ein heftiges Nein ausdrücken. Wie empfinden Sie es, den Körper abwechselnd diagonal und den Kopf dabei in einer Nein-Bewegung zu bewegen? Was geschieht in Ihrem Körperinnern? Wie fühlt sich die rechte Körperhälfte und wie die linke an? Wie ist Ihre Stimmung und vor allem, was geschieht in Ihrem Kopf?

Wenn Sie die Übung zu zweit machen, möchte ich Sie bitten, bei den Koordinierungsübungen Ihren Partner anzuschauen. Halten Sie den Blickkontakt aus? Schließen Sie die Augen? Schauen Sie weg? Wie empfinden Sie den Blickkontakt? Können Sie sich trotzdem koordiniert bewegen? Müssen Sie dabei lachen oder sich zwingen, Ihr Gefühl nicht zu zeigen? – Vergessen Sie Ihre Kontrolle für einen Moment!

Ihre Koordinierungsfähigkeit soll nun noch weiter herausgefordert und auf die Probe gestellt werden. Setzen, stellen oder legen Sie sich hin, so wie es Ihnen beliebt, und wählen Sie irgendeine Bewegung aus. Vielleicht wollen

Sie mit der Hand auf die Matratze oder auf den Tisch hauen, den Fuß wegtreten oder das Becken im Liegen in die Luft werfen. Führen Sie diese Bewegung aus und spüren Sie während einer Ruhepause, was in Ihrem Körper passiert. Jetzt wird es aber schwierig! Wiederholen Sie die Bewegung erneut, aber bremsen Sie auf halbem Weg ab. Die Hand, die auf den Tisch geschlagen werden soll, erreicht nicht den Tisch, sondern bleibt auf halbem Weg in der Luft stecken und wird in dieser **Haltung «eingefroren».** Spüren Sie diese Haltung für einen Moment und erleben Sie Ihre gebremste Atmung und die eingefrorene Bewegung. Wiederholen Sie dies mehrere Male und spüren Sie, wie der Körper im Innern **auf diese Bremse reagiert**, wie er mit dem Wechselspiel von Bremsen und Bewegung klarkommt. Wie wirkt sich dies auf Ihr Körperempfinden, auf die Ganzheitlichkeit Ihres Organismus aus?

Sie sehen, Sie brauchen nicht immer ein spezielles Übungsprogramm und eine fachkundige Anleitung. Wenn Sie wach für Ihren Körper und seine Empfindungen, für Ihr Erleben und die Änderungen in Ihrem Organismus sind, dann können Koordinierungsübungen, Slow-motion-Bewegungen u. a. die Koordinierung Ihrer Motorik, der Verbindung von Körperausdruck und Erleben verunsichern und bewußt machen. Sie stellen aber gleichzeitig auch einen hilfreichen Versuch dar, die körpereigenen, unbewußten Regulierungsprozesse, die spontan auftauchende Entspannung und die Wachheit für die eigene Person zu fördern.

Übungen, Übungen, Übungen

Sie sind jetzt hoffentlich vertraut mit der Erfahrung Ihres Körpers, mit den persönlichen Erfahrungen in den Übungssequenzen und hoffentlich ermutigt, Ihr Übungsprogramm individuell zu gestalten. Nehmen Sie sich entsprechend Ihrem Gusto Übungen aus dem folgenden Kapitel und gestalten Sie sie zu einer persönlich bekömmlichen Übungssequenz. Machen Sie einzelne Übungen, wenn Sie sie einfach zur Entspannung brauchen. Denken Sie bei den Übungen immer an Ihre Atmung, an das innere Loslassen, das Zittern und Vibrieren, an Ihre Körperempfindungen, Ihre Gefühle und Ihre Gedanken.

Denken Sie bei den Übungen an die Körperempfindung und das Vibrieren, Ihre Gefühle, Ihre Gedanken und das gelegentliche Gespräch mit Ihrem Begleiter.

»» Stellen Sie sich in die Grundstellung. Gehen Sie in die Hocke. Stützen Sie Ihre Ellbogen auf die Knie und drücken Sie dann Ihren Po so hoch, wie Sie können. Halten Sie die Spannung eine Weile und lassen Sie langsam wieder los, so daß Sie wieder in die Hocke kommen.

Wiederholen Sie dies mehrere Male. Machen Sie zwischendurch eine Ruhepause.

Strecken Sie dann die Beine. Heben Sie den Po hoch. Atmen Sie laut, sobald es schmerzt. Entspannen Sie die Beine nach fünf bis sieben Atemzügen. Bewegen Sie Ihren Po – ohne Ruhepause – hoch und wieder runter, so daß Sie Ihre Knie strecken und anschließend beugen. Bewegen Sie die Beine anfangs 15- bis 20mal, später 50- bis 60mal. Spüren Sie danach in der Ruhestellung, wenn die Beine gebeugt sind.

Legen Sie sich in der Grundstellung auf eine Matratze und legen Sie die Arme rechtwinklig zum Oberkörper, so daß Arme und Oberkörper ein Kreuz bilden. Die Arme sind gestreckt. Die Handinnenflächen zeigen nach oben. Beginnen Sie dann wie in Zeitlupe, ganz langsam die Arme hochzuheben, bis die Hände sich in der Luft

Foto 14

berühren. Verweilen Sie dort, um dann die Arme genauso wieder zum Boden sinken zu lassen. Die Übung dauert 20 bis 30 Minuten. Erschrecken Sie also nicht über die Zeit. Vergessen Sie die Zeit!

Nehmen Sie diese Übung wie eine Entdeckungsreise in Ihren Körper, um die körperlichen Impulse zu spüren und die Entwicklung dieser Impulse.

Legen Sie sich auf den Rücken in die Grundstellung. Die Füße sind aufgestützt. Heben Sie dann ganz langsam erst die Füße, dann die Beine, jeweils aufeinander folgend Beine, Becken und den Rücken immer weiter in die Luft über den Kopf, so daß irgendwann die Beine hinter dem Kopf liegen und die Zehen den Boden berühren. Die Knie liegen neben dem Kopf und den Ohren.

Achten Sie darauf, daß die Bewegung langsam durchgeführt wird. Lassen Sie die Beine eine Weile nach hinten gestreckt, um dann genauso langsam wieder zurückzukehren. Nehmen Sie sich für diese Übung 5 bis 10 Minuten Zeit.

Foto 15

Als Variation können Sie bei dem Rückweg auf halber Höhe mit dem Becken und den Beinen in der Luft verbleiben. Sie spüren dann wahrscheinlich ein Zucken im Bauch. Bleiben Sie dort ca. 8 bis 10 Atemzüge und gehen Sie dann weiter nach unten.

Eine weitere Variation könnte sein, so lange in der gerade beschriebenen Position zu bleiben, bis Sie nicht mehr können. Atmen Sie dabei laut.

Hocken Sie sich hin. Die Füße bleiben auf dem Boden. Legen Sie sich eine Decke oder ein dickes Buch unter die Ferse, so daß Sie stabil stehen. Der Kopf hängt vorn über. Richten Sie den Kopf dann ganz langsam auf. So, als würden Sie an einem dünnen Faden am Scheitel hochgezogen werden. Stellen Sie sich dabei eine Marionette vor, die zusammengefallen am Boden liegt. Wenn Sie sich selber an diesem dünnen Faden hochziehen, schwingen Sie leicht wie ein Pendel den Kopf hin und her. Kommen Sie aber langsam hoch – auch wenn es mühsam ist, bis Sie stehen. Machen Sie die gleiche Bewegung, nur richten Sie sich etappenweise auf. Jede Etappe bedeutet eine Bewegung von ein bis zwei Zentimetern und beginnt mit der Ausatmung. Bleiben Sie beim Einatmen ruhig!

Legen Sie sich auf eine Matratze oder auf den Boden mit dem Po an die Wand. Stützen Sie sich mit den Füßen an der Wand ab. Schieben Sie sich jetzt von der Wand weg.

Legen Sie sich auf den Rücken. Rutschen Sie mit dem Po an die Wand und drücken Sie mit den Füßen dagegen. Heben Sie Ihr Becken, halten Sie es in der Luft und beginnen Sie, ganz vorsichtig und langsam mit den Füßen an der Wand zu gehen. Bewegen Sie die Füße mal nach oben, mal nach unten, zur Seite und im Kreis.
Als Variation halten Sie die Füße an der Wand und bewegen Sie das Becken in der Luft.

Legen Sie sich in der Grundstellung auf die Matratze. Die Augen sind geschlossen, der Mund leicht geöffnet. Das Becken ist leicht angehoben. Bewegen Sie nun bei der Einatmung das Becken leicht nach hinten und mit der Ausatmung wieder leicht nach vorne. Vermeiden Sie dabei große Anstrengung.

Foto 16

Legen Sie sich in die Grundstellung und halten Sie mit den Händen Ihre Fußgelenke fest. Heben Sie dann ganz langsam Ihr Becken in die Luft, bis es oben ist, und lassen Sie es dann wieder runter (Foto 16).

Variieren Sie die Übung insoweit, als Sie das Becken in die Luft heben und von dort mehrmals noch höher werfen. Machen Sie laute Geräusche dabei.

Oder ändern Sie die Übung, indem Sie sich hinlegen, die Fäuste unter Ihre Fersen legen. Heben Sie dann ganz langsam das Becken, um es anschließend genauso wieder zu senken (Foto 17).

Sie können auch den ganzen Körper, den Nacken-Schulter-Bereich mit einbeziehen. Legen Sie sich in die Grundstellung und heben Sie das Becken ganz langsam in die Luft. Dann stützen Sie sich mit den Händen etwas ab, so daß das Becken weiter in die Luft ragt. Sie stehen schließlich auf den Füßen und auf Ihrem Kopf.

Stützen Sie sich zur Variation auf die Hände und die Füße. Bleiben Sie in diesem extremen Bogen und atmen Sie tief in Ihren Bauch.

Foto 17

Stellen sie sich nach vorne gebeugt vor das Kopfende der Matratze. Strecken Sie Hände und Arme nach vorne. Beugen Sie Ihre Knie beim Einatmen und drücken Sie sie beim Ausatmen leicht zurück, so daß die Beine nicht ganz gestreckt sind. Lassen Sie die Bewegung der Beine der Atembewegung folgen.

Heben Sie die Fersen um ca. 1 cm. Führen Sie die Bewegung so durch. Achten Sie darauf, daß Sie nicht die Balance verlieren.

Stellen Sie sich in die Elefantenposition und kommen Sie in mehreren Etappen hoch. Verweilen Sie in jeder Etappe ca. fünf bis sieben Atemzüge.

Falls Sie einen großen Raum zur Verfügung haben, gehen Sie auf Zehenspitzen drei-, vier- oder fünfmal im Kreis durch den Raum. Gehen Sie auch rückwärts. Gehen Sie aber dann auf den Fersen.

Legen Sie sich auf den Rücken, eine zusammengefaltete Decke unter dem Becken. Stützen Sie den linken Fuß auf und treten Sie mit dem rechten Fuß mehrere Male weg, so als wollten sie jemanden, der am Fußende steht, wegtreten. Stützen Sie den rechten Fuß auf. Spüren Sie nach. Wiederholen Sie das Treten oder wechseln Sie vom rechten zum linken Bein und umgekehrt.

Legen Sie sich auf den Bauch. Die Unterschenkel werden in Zeitlupe langsam angehoben, bis sie senkrecht in der Luft sind. Machen Sie dort eine Pause und senken Sie die Unterschenkel ebenso langsam wieder auf den Boden herunter (ca. 20 Minuten).

Stellen Sie sich hin, die Beine leicht gebeugt. Spüren Sie Ihren Atem. Heben Sie beim schnellen Einatmen die Fersen und drücken Sie die Knie schnell nach vorn. Stellen Sie beim Ausatmen die Fersen wieder auf den Boden. Beugen Sie auch die Knie. Wiederholen Sie die Übung, bis die Atmung schneller geht.

Variieren Sie die Übung, indem Sie beim schnellen Einatmen mit dem Heben der Fersen das Becken nach vorne bringen. Entspannen Sie sich beim Ausatmen.

Legen Sie sich auf den Bauch. Stützen Sie sich mit den Händen neben den Schultern auf und gleichzeitig mit den umgekippten Zehen, so daß Sie sich parallel zum Boden anheben können. Heben Sie sich ca. 10 cm hoch und bleiben Sie so lange dort, wie Sie können. Wenn es überhaupt nicht mehr geht, lassen Sie sich fallen und spüren Sie nach. Machen Sie nach mehreren Minuten diese Übung erneut und atmen Sie laut, wenn es anstrengend ist.

Foto 18

Legen Sie sich auf den Rücken. Heben Sie die Arme und Beine in die Luft. Versuchen Sie, sich ohne Hilfe der Arme und Beine auf den Bauch zu rollen.

Legen Sie sich auf den Rücken oder stellen Sie sich hin. Spannen Sie plötzlich alle Muskeln vom Kopf bis zum Fuß an. Verweilen Sie so, bis Sie sich ebenso plötzlich wieder entspannen. Wiederholen Sie die Übung und spüren Sie Ihren Körper in der Ruhephase.

Foto 19

Vergessen Sie nie, nach anstrengenden Übungen oder zum Ende einer Übungssequenz sich auszuruhen. Dieses geht in der Grundstellung im Liegen. Sie können sich aber auch auf den Rücken legen, die Beine anwinkeln und die Knie mit den Händen umfassen. Spüren Sie hinein in diese geschlossene, geschützte Körperhaltung.

Knien Sie sich hin und stützen Sie sich gleichzeitig mit den Händen ab. Umfassen Sie dann mit der rechten Hand Ihren rechten Knöchel, nachdem Sie Arme und Beine rücklings in die Luft hochgehoben haben, so daß Sie auf dem anderen Knie und der anderen Hand balancieren müssen. Bleiben Sie so einen Augenblick. Stützen Sie sich dann wieder auf beide Knie und Hände. Machen Sie die Übung auch mehrere Male mit dem anderen Bein und Arm.

Ergreifen Sie nun mit der linken Hand Ihren rechten Knöchel und strecken Sie Ihr Bein nach oben. Verweilen Sie so. Wiederholen Sie diese Diagonal-Übung – auch mit dem anderen Bein – dreimal und atmen Sie.

Legen Sie sich mit dem Bauch auf die Matratze oder auf den Boden. Kippen Sie Ihre Füße, so daß Sie sich mit den Zehen abstützen. Drücken Sie Ihr Becken langsam hoch (ca. 20 cm). Das Gewicht liegt auf den Zehen und der Brust bzw. auf der Schulter. Halten Sie das Becken in der Form eine Weile. Lassen Sie es langsam wieder runter.

Foto 20

Legen Sie sich auf den Rücken. Der Po ist an der Wand. Die Beine sind hochgestreckt und die Unterseiten der Beine berühren die Wand. Öffnen Sie die Beine ganz langsam in Zeitlupe. Schließen Sie die Beine wieder genauso langsam.

Atmen Sie laut, sobald die Übung anstrengend wird.

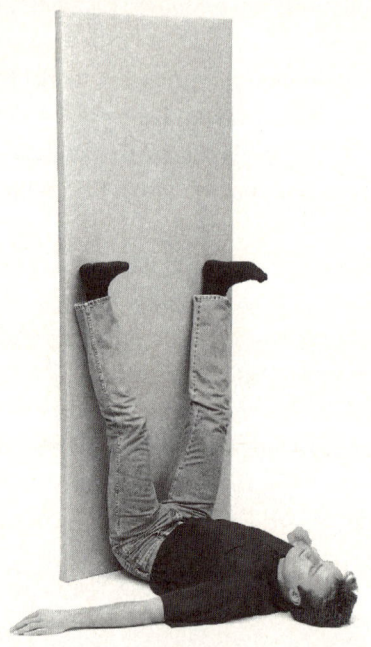

Foto 21

Legen Sie sich auf den Rücken. Stützen Sie die Füße auf. Drücken Sie die Knie leicht gegeneinander und heben Sie dann langsam das Becken hoch, bis Sie nicht mehr können. Halten Sie den Druck mit den Knien. Entspannen Sie plötzlich Ihre Knie und lassen Sie das Becken runterfallen. Spüren Sie nach.

Legen Sie sich auf den Bauch. Kippen Sie die Füße, so daß die Zehen zu den Knien zeigen. Und stützen Sie sich auf den Zehen ab. Klopfen Sie mit dem Becken auf die Matratze. Wiederholen Sie den Rhythmus von Klopfen – Pause – Klopfen – Pause für einen Zeitraum von 10 bis 15 Minuten. Strengen Sie sich nicht zu sehr an. Atmen Sie ggf. laut.

Schneiden Sie im Liegen, Sitzen oder Stehen alle denkbaren Grimassen. In der Pause dazwischen spüren Sie nach.

Bewegen Sie Ihre Augen schnell und kräftig. Öffnen und schließen Sie sie so, daß sich die Augenlider, die Augenbrauen und die Augenmuskeln bewegen. Spüren und wiederholen Sie die Übung, auch wenn es anstrengend ist.

Der Mund ist halb geöffnet. Drücken Sie mit der Zungenspitze an den oberen Gaumen, so daß die Zunge gebogen wird. Halten Sie den mittelkräftigen Druck. Versuchen Sie, durch den Mund zu atmen, indem Sie laut atmen. Wiederholen Sie die Übung und hören Sie Ihre Stimme beim Atmen.

Versetzen Sie sich in eine Stimmung, in der Sie «Nein» zu Ihrer Umgebung, zu einem anderen Menschen, zu sich usw. sagen. Drücken Sie dieses «Nein» körperlich aus:
- Schlagen, trampeln Sie mit den Füßen
- Treten Sie mit Ihren Füßen weg
- Stoßen Sie Ihr Becken nach vorne
- Schlagen Sie Ihre Ellbogen, Ihre Fäuste nach hinten

Nehmen Sie sich ein Handtuch zum Üben. Sie können das Handtuch wringen. Wringen Sie und halten Sie die volle Kraft der Anstrengung. Wiederholen Sie diese Übung, indem die Arme weit vom Körper gestreckt sind.

Foto 22

Wenn Sie gute Zähne haben und einmal zubeißen wollen, nehmen Sie das eine Ende des Handtuchs in den Mund und beißen Sie kräftig hinein. Halten Sie mit Ihren Zähnen das Handtuch fest und ziehen Sie mit den Händen an der anderen Seite des Handtuchs. Halten Sie es so eine Weile und machen Sie Geräusche dabei.

Nehmen Sie das Handtuch in beide Hände und schlingen Sie das Handtuch um Ihren Nacken. Drücken Sie mit Ihrem Nacken gegen das Handtuch und ziehen Sie an beiden Enden, bis im Nacken eine große Anspannung entsteht. Atmen Sie weiterhin laut.

Legen Sie sich auf den Rücken. Strecken Sie das rechte Bein in die Luft, während das linke auf dem Boden bleibt. Legen Sie das Handtuch auf die Fußsohle des rechten Fußes. Halten Sie die Enden mit beiden Händen fest. Strecken Sie das Bein und spannen Sie das Handtuch. Wiederholen Sie die Übung laut atmend mit dem anderen Bein. Machen Sie dann die Übung im Stehen.

Legen Sie sich auf den Rücken in die Grundstellung. Die Arme liegen rechtwinklig zum Körper auf dem Boden. Drücken Sie die Außenseiten der Hände auf den Boden. Halten Sie den Druck eine Weile und entspannen Sie sich dann. Wiederholen Sie diese Körperhaltung.
Drücken Sie später mit den Daumenballen auf den Boden, so daß Kopf, Schultern und Brustbereich angehoben werden.

Wenn Sie vertraut sind mit der letzten Übung und den auftauchenden Gefühlen, möchte ich Sie bitten, eine paradoxe Haltung einzunehmen. Strecken Sie die Arme aus im Liegen, Sitzen, Stehen – wie Sie möchten – und öffnen Sie eine Hand, als wollten Sie sie zu jemandem ausreichen. Halten Sie die andere Hand in einer abwehrenden Haltung. Drücken Sie beides gleichzeitig aus und spüren Sie in diese Haltung. Wechseln Sie die Haltung der Hände und spüren Sie den Unterschied. An wen denken Sie dabei? Und wie ist Ihr Gefühl?

Foto 23

Stellen Sie sich vor einen Schaumgummiwürfel oder einen Tisch mit einer zusammengefalteten Decke darauf. Drücken Sie kräftig mit den Fäusten auf den Würfel oder die Decke und halten Sie den Druck fest. Das Körpergewicht bleibt auf den Füßen. Die Spannung steigt in den Schultern an. Verweilen Sie so. Atmen Sie laut.

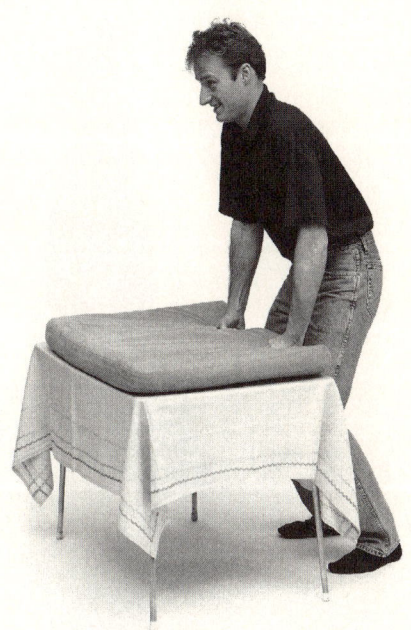

Foto 24

Stellen Sie sich in die Grundstellung. Bleiben Sie eine Weile stehen. Beugen Sie dann die Knie etwas weiter, so daß Sie wie auf einem imaginären Stuhl sitzen. Verweilen Sie in dieser Haltung. Die Fersen bleiben am Boden. Öffnen Sie den Mund und atmen Sie.

Foto 25

Wenn es zu mühsam ist, stützen Sie sich mit den Ellbogen auf Ihre Knie und ruhen Sie sich in dieser Haltung
aus. Sie werden sicherlich merken, daß diese Haltung
schnell in den Beinen anstrengend wird. Bleiben Sie
zunächst so.

Foto 26

Strecken Sie die Arme nach vorne, so als wollten Sie sie jemandem entgegenstrecken. Sobald es anstrengend wird, atmen Sie wieder.

Ändern Sie die Haltung, indem Sie sich auf die Knie stützen, und heben Sie die Fersen. Sie können auch in dieser Haltung die Arme nach vorne strecken.

Foto 27

Wenn es zu mühsam wird, lassen Sie die Arme, den Oberkörper und den Kopf nach vorne aushängen (Elefantenstellung).

Bleiben Sie in der Elefantenhaltung, strecken Sie die
Arme nach oben und verschränken Sie die Finger, daß Sie
die Spannung in den Händen spüren. Atmen Sie tief in
den Bauch dabei.

Foto 28

Legen Sie sich auf den Rücken. Stützen Sie die Füße gegen die Wand oder gegen eine Tür, drücken Sie mit den Füßen dagegen und heben Sie das Becken ganz leicht in die Luft hoch (zwei Zentimeter). Halten Sie das Becken vier bis sechs Atemzüge in dieser Position, lassen Sie es anschließend wieder los. Wiederholen Sie diese Übung mehrmals.

Legen Sie dann die Unterschenkel auf einen Stuhl, drücken Sie sie auf den Stuhl und heben Sie ebenfalls das Becken ca. zwei Zentimeter vom Boden – vermeiden Sie aber zu große Anstrengung. Machen Sie einige Atemzüge und lassen Sie das Becken wieder los. Spüren Sie nach.

Sie können Kopf und Becken auch gleichzeitig anheben. Halten Sie Becken und Kopf vier bis sechs Atemzüge in der Luft, um beide dann gleichzeitig wieder auf den Boden zu legen. Spüren Sie nach.

Foto 29

Legen Sie sich auf den Rücken. Kippen Sie die Füße so, daß die Zehen zum Gesicht zeigen und Sie große Spannung in den Knöcheln spüren. Drücken Sie mit den Fersen kräftig auf den Boden, so daß der gesamte Körper sich leicht wie ein Bogen spannt. Sie liegen jetzt nur noch auf den Fersen und auf den Schultern. Behalten Sie diese Bogenhaltung bei und atmen Sie dabei. Wenn es anstrengend ist, lassen Sie sich vorsichtig wieder los und gehen Sie Ihren Empfindungen nach.

Knien Sie sich auf den Boden oder eine Matratze, stützen Sie den Kopf ebenfalls auf. Bewegen Sie vorsichtig und langsam das Gewicht des Rumpfes Richtung Kopf. Der Kopf rollt auf dem Boden, so daß Nacken und Wirbelsäule gedehnt werden. Vermeiden Sie ruckartige Bewegungen. Erreichen Sie die Grenze Ihrer Dehnfähigkeit, so atmen Sie tief in den Bauch und bleiben Sie dort, um langsam wieder zurückzurollen. Legen Sie sich anschließend wieder auf den Bauch oder den Rücken und spüren Sie nach.

Foto 30

Stellen Sie sich in die Elefantenstellung, strecken Sie die Beine und halten Sie die Streckung. Heben Sie dann abwechselnd die Hüfte hoch, so daß die Fußsohle sich vom Boden anhebt. Wenn es mühsam wird, atmen Sie laut.

Foto 31

Stellen Sie sich vor einen Schaumgummiwürfel oder knien Sie sich vor eine Matratze. Heben Sie die Arme, ballen Sie die Fäuste und bleiben Sie eine Weile in der Bogenhaltung, damit Spannung im Körper aufgebaut wird. Fangen Sie dann an, auf die Matratze oder den Würfel zu schlagen. Schlagen Sie, ohne zu unterbrechen. Atmen Sie laut dabei. Pausieren Sie dann, spüren Sie nach und gehen Sie eventuell in die Elefantenposition.

Variieren Sie die Art zu schlagen und spüren Sie den Unterschied im Erleben.

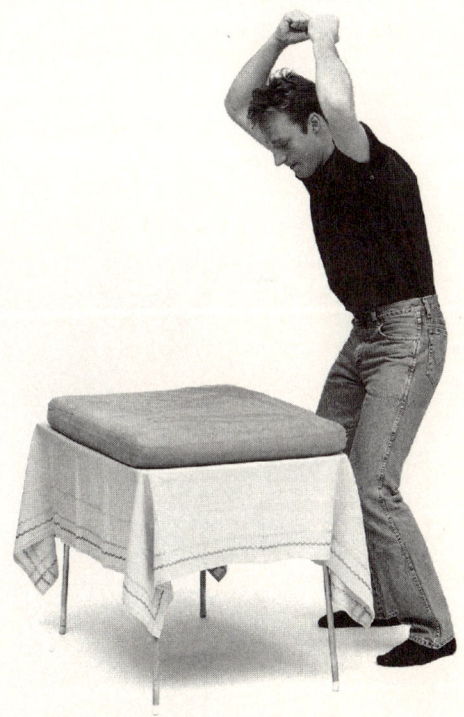

Foto 32

Stellen Sie sich an die Wand, so daß der ganze Rücken die Wand berührt. Beugen Sie die Knie, so daß Ihre Beine fast rechtwinklig stehen. Bleiben Sie in dieser anstrengenden Haltung. Achten Sie darauf, daß die Fersen auf dem Boden bleiben. Sobald es anstrengend wird, atmen Sie laut. Bleiben Sie so lange stehen, bis Ihre Beine versagen und Sie allmählich auf den Boden sinken. Bleiben Sie so sitzen, machen Sie die Übung eventuell noch einmal. Als Variation können Sie die Fersen leicht anheben.

Stellen Sie sich wieder mit dem Rücken an die Wand, nehmen Sie einen Stock in die Hände, nehmen Sie die Arme hoch und halten Sie den Stock in der Luft. Bleiben Sie so lange stehen, wie Sie können.

Foto 33

Ändern Sie die Übung, indem Sie ohne Stock an der Wand lehnen. Bewegen Sie dann das Becken – Millimeter für Millimeter – nach vorne. Bis Sie schließlich nur noch mit den Schultern an der Wand lehnen. Bleiben Sie in dieser Haltung für fünf bis sieben Atemzüge, um dann genauso langsam wieder zurückzugehen.

Foto 34

Sie können den Bogen auch im Knien durchführen. Knien Sie sich auf eine Matratze. Legen Sie Ihre Fäuste auf den Beckenrand und schieben Sie das Becken etwas nach vorne.

Oder stützen Sie die Fäuste auf die Fußsohlen und schieben dann das Becken ebenfalls nach vorne. Bleiben Sie in dieser Bogenhaltung und atmen Sie laut.

Wenn das zu schwierig ist, stützen Sie sich einfach mit den Händen auf den Fersen ab. Bringen Sie den Körper wieder in die Bogenhaltung.

Stützen Sie anschließend Ihre Hände wieder auf die Matratze und dehnen Sie den Rücken in die andere Richtung.

Foto 35

Stellen Sie sich vor einen Stuhl, beugen Sie die Knie etwas stärker. Heben Sie dann ganz langsam die Fersen vom Boden, so daß der ganze Körper angehoben wird. Bis Sie nur noch auf den Fußballen und Zehen stehen. Senken Sie die Fersen genauso langsam. Achten Sie aber darauf, daß der Winkel im Knie immer gleich bleibt. Sie werden bald eine große Spannung in den Knöcheln spüren. Wiederholen Sie dies mehrere Male, bis Sie in die Elefantenhaltung gehen. Geben Sie Ihrer Empfindung nach.

Foto 36

Stellen Sie sich in die Grundstellung. Die Beine stehen etwas weiter auseinander. Beugen Sie die Knie stärker als in der Grundstellung. Verlagern Sie das Gewicht auf das rechte Bein, bleiben Sie dort, bis die Anstrengung zu groß wird. Verteilen Sie Ihr Gewicht dann auf das andere Bein. Sobald es anstrengend wird, wechseln Sie wieder zum rechten Bein. Verweilen Sie so, drücken Sie dann mit der ganzen Kraft Ihr rechtes Bein auf den Boden – jetzt das linke Bein. Wiederholen Sie dies dreimal. Strecken Sie gleichzeitig – mit dem Durchdrücken des rechten Beines – den rechten Arm in die Luft. So als wollten Sie die Decke über Ihnen hochdrücken. Drücken Sie unten und oben.

Foto 37

Halten Sie die Kraft an und atmen Sie laut. Wiederholen Sie das mit dem anderen Bein. Stellen Sie sich dann wieder in die Grundstellung, die Beine werden leicht gebeugt – und spüren Sie nach.

Stützen Sie sich auf die Ellbogen und auf den linken Fuß. Heben Sie Ihre linke Ferse. Drücken Sie dann das rechte Bein schräg nach oben. Winkeln Sie den rechten Fuß an, so daß Sie die Spannung im Knöchel spüren. Verweilen Sie so. Bewegen Sie dann den rechten Fuß langsam zum Boden hin. Machen Sie die Übung auch mit dem anderen Bein.

Als Variation können Sie auch mit der Ferse in die Luft wegtreten. Machen Sie dies mit einem lauten Ton.

Foto 38

Bewegungsarten

In der Bioenergetik wird viel mit Bewegung gearbeitet. Bewegung ist ein organismisches «Streß-Lösungsmittel» des Körpers. Im folgenden werden zentrale Bewegungsarten und -abläufe für das Üben skizziert. Sie können jede Übung aus Gymnastik, Sport und Bioenergetik vielfältig variieren. Orientieren Sie sich weiterhin an den bioenergetischen Leitlinien, an Ihrer persönlichen Erfahrung, an der Selbstdiagnostik Ihrer Spannungsmuster und den Empfehlungen, die sich aus der Analyse des Streßprofils ergeben.

»» 1. Variationen

- Verlangsamung der Bewegung
- Beschleunigen der Bewegung
- Wechseln von langsamer und schneller Bewegung
- «Einfrieren» der Bewegung in eine bestimmte Körperhaltung
- Zeitlupenbewegung
- Bewegung nur in einem Körpersegment
- Typische Bewegung und Wiederholung derselben
- Durchführen einer genau entgegengesetzten Bewegung
- Anhalten von Druck und Spannung in einem Körpersegment für eine gewisse Zeit, um dann plötzlich loszulassen
- Durchführung der verschiedenen Bewegungen mit geschlossenen und / oder geöffneten Augen
- Verrückte, unkoordinierte Bewegungen
- Durchführung der jeweiligen Bewegung in Etappen: d. h. Bewegung – Stopp – Bewegung – Stopp – Bewegung – Stopp – usw.
- Experimentieren mit Spiral- bzw. Schraubenbewegungen, Wiederholung derselben
- «Squash-Bewegungen» gegen die Wand. Wie auch immer man selbst will, bewegt man sich

»» 2. Atmung und Bewegung

- Koppeln Sie die Bewegung jeweils mit dem Ein- und Ausatmen und ändern Sie dabei nicht den Atemrhythmus.
- Wiederholung derselben Bewegung mit dem umgekehrten Atemrhythmus.
- Atmen Sie tief bei der Anspannung. Wenn innerlich Atmung und Energie mobilisiert sind, plötzlich loslassen.

»» 3. Partner und Bewegung

- Den Partner bewegen, so wie es geht. Die Vielfalt der Bewegungsmöglichkeit ergibt sich:
  a) aus dem, was man selbst für den anderen für gut hält, für machbar, für typisch
  b) aus dem, wie man selbst den anderen bewegen will.
- Der eine spiegelt die Bewegung des anderen eine gewisse Zeitlang wider.
- Der Partner drückt, hält oder dehnt einen Körperteil des anderen: Bein, Kopf, Hand usw. und läßt plötzlich los.
- Der Partner drückt, hält oder dehnt erneut und wartet, bis sich die Atmung auflädt, um dann plötzlich loszulassen.
- Den Partner beliebig bewegen, wobei der Partner mittelkräftigen Widerstand leistet. Die Bewegung ist hierdurch gebremst.
- «Einfrieren» dieser Bewegung, wobei beide die Körperhaltung spüren, um dann anschließend den Bewegungsimpuls fortzuführen.
- Durchführen einer stereotypen «Ping-pong»-Bewegung. Man einigt sich auf eine Bewegung.

»» 4. Gruppe und Bewegung

- Koppeln dieser Bewegung mit der Bewegung in einer Gruppe: A fängt an, sich zu bewegen, koppelt seine Bewegung mit B. Beide koppeln ihre Bewegung mit C usw.

- Einer in der Gruppe gibt die Bewegungen vor, und alle müssen die Bewegung mit den anderen in der Gruppe durchführen.

- A gibt einen Bewegungsanstoß in der Gruppe, B gibt ihn auf seine Art wie auch immer an C weiter, bis schließlich die Bewegung, der Bewegungsimpuls, die Bewegungsanleitung durch die ganze Gruppe geht.

- Änderung dieser Bewegungsvorgabe zu einem Kreislaufprozeß, daß die Bewegung wieder zu A zurückkommt.

- Durchführen dieser Bewegungen mit geschlossenen Augen.

Führen Sie zu zweit oder in der Gruppe eine stereotype «Pingpong-Bewegung» durch, d. h., einigen Sie sich auf eine Bewegung und bewegen Sie sich hin und her, ohne die Bewegungsvorgabe zu ändern.

Machen Sie eine «Squash-Bewegung» gegen die Wand, d. h., bewegen Sie sich wie auch immer gegen die Wand. Diese wirkt dabei wie eine plötzliche Bremse. Die Bremswirkung «wirft» einen zurück, so daß man wieder – wie beim Squashspielen – sich gegen die Wand bewegt, gebremst wird und sich zurückbewegt.

»» 5. Imagination und Bewegung

- Durchführen der verschiedenen Bewegungen im Bewußtsein bestimmter Phantasien, Erinnerungen, Gefühlsvorgaben, Personen.

- Auswahl persönlichkeitstypischer Haltungen und Bewegungsabläufe, die dann durch längere Wiederholung den Erfahrungsprozeß dieser Bewegungsabläufe intensiviert, modifiziert.

- Übung der gegenteiligen Bewegungsabläufe.

Sie haben sicherlich gemerkt, daß es unendlich viele Möglichkeiten gibt, sich zu bewegen, Bewegungen zu variieren, in
Körperhaltungen auszudrücken. Dies alles allein oder mit einem Partner. Wenn Sie mit bioenergetischen Übungen und
den Leitlinien vertraut sind, fühlen Sie sich hoffentlich ermutigt, mit den Bewegungsvariationen zu spielen. Achten Sie dabei auf Ihre Erfahrungen und den persönlichen Bezug im Erleben. Sie werden sicher eine für Sie günstige und passende
Auswahl treffen, so daß Ihr Übungsprogramm auf die eigene
Person zugeschnitten und ein bekömmliches Programm ist.

Das Spielen mit unterschiedlichen Bewegungen kann sinnvollerweise zu zweit oder mit mehreren durchgeführt werden,
um Üben, Erleben, Selbsteinschätzung und Fremdbeurtei-
lung miteinander zu verbinden. Hierdurch können Sie einen
klaren Bezug zu Ihrer erlebten körperlichen Wirklichkeit gewinnen und sich dabei motiviert fühlen, die Übungen weiterhin durchzuführen, sich im Alltag überhaupt auf Ihren Körper
zu besinnen und sich gegebenenfalls mit anderen darüber
auszutauschen.

Achten Sie auf die Ruhepausen zwischen den Übungen und
den Bewegungsabläufen. Achten Sie auf die Möglichkeit, daß
sich körpereigene Impulse entwickeln können, die Ihnen helfen, sich besser zu erleben und zu verstehen. Und vergessen
Sie nicht, daß Gymnastik und Sport, obwohl sie differenzierte
Programme anbieten, die Gefahr beinhalten, sich in körperlichem Aktionismus zu verlieren. Körpertraining wird zum Programm, das erfüllt werden muß. Es soll Ihnen guttun, stellt
aber lediglich einen neuen Streßfaktor dahingehend dar, daß
Sie vom Arbeitsstreß in den Sportstreß springen.

KÖRPERAUSDRUCK UND PERSÖNLICHKEIT

Erregung und Ich-Identität

Eine wichtige These der Bioenergetik lautet, daß Änderungen der Persönlichkeit durch Änderungen im Ablauf der körperlichen Funktionen und umgekehrt ermöglicht werden. Dies führt zu einer tieferen Durchatmung, einer erhöhten Motilität, einem umfassenderen und freieren Selbst-Ausdruck. Die Lebensgeschichte jedes einzelnen ist eine Abfolge von oft zu Anfang diffusen körperlichen Impulsen, körperlichen Reaktionen, Wünschen, Versagungen oder Erfüllung dieser Wünsche. Das Maß der auftauchenden Angst, Versagung, Frustration, Verletzung o. ä. und die Verarbeitung derselben bestimmen die Persönlichkeit jedes einzelnen, sein Lebensgefühl und seine Fähigkeit, das Leben zu meistern und Erfüllung zu finden.

»» Lustprinzip versus Realitätsprinzip

Die Bioenergetik unterstreicht die Auffassung, daß das **Leben kein passiver Vorgang ist**. Der Organismus, der Mensch muß sich öffnen und greifen, um alles zu bekommen und in sich aufzunehmen, was er braucht. Sei es der Sauerstoff, sei es die Nahrung. Sei es die Nähe eines Menschen oder die emotionale Wärme. Wird dieser Vorgang nachhaltig beeinträchtigt, gebremst oder blockiert, bilden sich psychische und muskuläre Abwehrmechanismen, die alle entsprechenden Impulse hemmen. «Mit der Zeit strukturieren sich die Mechanismen als

chronische Muskelspannungen und psychisch als charakterli-
che Verkrampfungen. Gleichzeitig wird die Erinnerung an das
auslösende Erlebnis verdrängt» und man entwickelt Illusionen, Idealbilder, um sich über Verlust und Schmerz emotional
hinwegzuretten.

Die aktive Öffnung des Organismus nach außen wird gespeist durch die innere Erregung, die (Trieb-)Impulse. Diese
drängen selbst wie eine Energiebewegung vom Zentrum des
Organismus hin zur Oberfläche, wo sie die Beziehung des Organismus, der Persönlichkeit zur Außenwelt beeinflussen.
Und umgekehrt: die Art und Weise der Einflußnahme durch
die Außenwelt wirkt ermöglichend oder hinderlich auf die
innere Quelle dieser Impulse. Die Energiebewegung vom Zentrum her zur Peripherie und umgekehrt drückt sich in unterschiedlichen Funktionskreisen aus: Atmung, Nahrungsauf-
nahme, sexuelle Erregung usw.

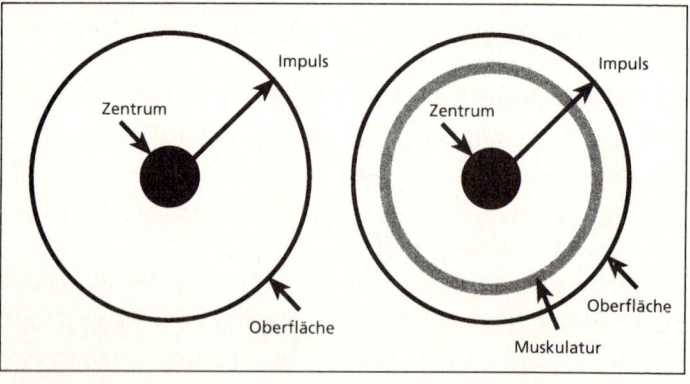

Quelle: Lowen, «Bioenergetik»

Das Wachstum des einzelnen folgt einer Entwicklungslinie, in
deren Verlauf das «einfache **Lustprinzip**» des Neugeborenen
abgewandelt wird, so daß es wirksamere Mittel für die Interaktion mit der äußeren Wirklichkeit liefert. Diese Abwandlung

des Lustprinzips ist auch als **Realitätsprinzip** beschrieben. Die wachsende Differenzierung, Spezialisierung und zunehmende Organisation von «Körper und Persönlichkeit» und die damit verbundene Hierarchisierung der Funktionen wird von Lowen durch ein Beispiel aus der Technik illustriert: «Die funktionellen und strukturellen Verbesserungen des Flugzeugs wären sinnlos ohne die Entwicklung stärkerer Triebwerke und besserer Brennstoffe. Das Flugzeug der Gebrüder Wright brauchte kein einziehbares Fahrgestell und keine Radaranlage. Größere Leistung erfordert mehr Beherrschung. Mehr Beherrschung bedeutet vermehrte Spezialisierung und Organisation. Beim lebenden Organismus ist es ebenso. Leistung ist jedoch nur der motorische Ausdruck eines gesteigerten Energieniveaus. Größere Sensibilität, erhöhtes Gewahrsein und mehr Steuerung sind die anderen Aspekte desselben Energieprozesses.

» » Erkennen und Ich-Bewußtsein

Beim Menschen bildet sich im Lauf der Zeit das Ich-Bewußtsein, das Ausdruck von zunehmender Stärke des geistigen Fühlens beim Menschen ist. «Erst in diesem Bewußtseinslicht erkennt der Mensch. Und dieser **Akt des Erkennens**, der bewußten Unterscheidung scheidet und trennt die Welt in Gegensätze, denn nur in Gegensätzen ist die Welterfahrung möglich.»

Das Bewußtsein umfaßt zwei Bereiche: **das Bewußtsein von Gefühlen und Handlungen und das Bewußtsein des Erkennens**. Das Bewußtsein des Erkennens versteht Lowen als höheres Ich-Bewußtsein. Es neigt dazu – so Lowen – sich im Gegensatz zum Körper aufzubauen, der zum Vertreter des Unbewußten wird. «Das Licht, das die Helle des Bewußtseins ist, differenziert sich von dem Strom, der es erzeugt und aufrechterhalten hat, und setzt sich in Gegensatz zu ihm. Aber wir wissen, daß ein Licht nicht stärker sein kann als die Energiequelle, die es speist. Dieser Strom ist der Strom der Impulsbildung im Körper, der sich aufwärts zum Kopf hinbewegt, Gewebe des Gehirns erregt und sie veranlaßt, zu glühen.»

»» Der Mensch als Nesthocker

Genauso wie der Mensch **offen ist für Erregung** und für die ganz vielschichtige Art der Befriedigung derselben, so ist er im Unterschied zum Tier **weltoffen**. Der Mensch ist lernbedürftig und lernfähig und ist im Grunde genommen nicht gebunden an eine spezifische Umwelt, um sich zu entwickeln. Er ist in seiner Bestimmung offen für viele Möglichkeiten. Als weltoffenes Wesen erschafft er sich seine Welt selbst. Die tierische Lebensform ist im Unterschied dazu instinktgebunden oder instinktgesichert. Die menschliche Lebensform ist im Gegensatz dazu eher instinktarm, dafür aber wie gesagt weltoffen. «Vom biologischen Bezugssystem aus gesehen stellt der Mensch von dem Augenblick seines In-die-Welt-Tretens ein weltoffenes Wesen dar, das auf die Kommunikation mit der Umwelt in einer ganz anderen und für ihn spezifischen Weise angewiesen bleibt als das Tier.»

In der Tierwelt gibt es Nestflüchter. Das sind Tiere, deren Organreifung bei der Geburt relativ weit fortgeschritten ist, die fähig sind, ihrer Mutter zu folgen, sich mehr oder weniger selbständig in ihrer Umwelt orientieren zu können, und Signallaute ihrer Artgenossen verstehen. Demgegenüber gibt es **Nesthocker**, welche nach kurzer Tragzeit noch einen längeren Zeitraum benötigen, um den Entwicklungsstand eines Nestflüchters zu erreichen. Der Mensch ist nach seiner Geburt ein Nesthocker (hilfloser Nestflüchter). D. h., er befindet sich in einem fundamentalen Abhängigkeitsverhältnis zu den ihn umgebenden Personen. Bei Geburt hat der Mensch beispielsweise Füße und Beine, kann aber noch nicht laufen.

Der Mensch als «extrauterine Frühgeburt» muß seine Entwicklung außerhalb des Mutterleibs vollenden «im Kontakt mit der Umwelt, für die ein solches Wesen noch ganz untauglich ist». Wie gesagt, kann sich das kleine Wesen nach der Geburt nicht von einem Ort zum anderen bewegen wie andere neugeborene Säugetiere. Es kann sich nicht einmal an seiner Mutter festhalten. Es muß getragen werden und gestützt werden, um allmählich Kraft und Koordination zu erwerben. Erst sitzt es aufrecht, dann steht es, dann geht es. Auch wenn es mit drei Jahren laufen und rennen kann, so ist es immer noch darauf angewiesen, emotional gehalten zu werden. Es versucht, sich tragen zu lassen, und man muß es tragen. Wenn es hinfällt, möchte es aufgehoben, getröstet und beruhigt werden.

Die biologische Reife erfährt der Mensch erst beim Abschluß seiner Pubertätszeit. Das Körperwachstum ist dann fast vollendet, die **sexuelle Funktion** ist auf mentaler Ebene fest ausgeprägt. Die emotionale Entwicklung geht dabei in der Regel nicht linear vor sich. Sie verläuft in der Frühzeit am schnellsten und verflacht allmählich bis zum Erwachsenenalter.

Person werden, sozial werden

Die Mutter ist in unserer Gesellschaft fast ausschließlich die soziale Umwelt des Kindes. Erziehung und Sozialisation helfen ihm, im Dialog mit seiner Mutter eine Erlebens- und Verhaltenssicherheit zu erwerben. Erziehung als Spezialfall von **Sozialisation** umfaßt den Vorgang des Sozial-Machens, die Sozialisation eher den Vorgang des Sozial-Werdens und den des Sozial-Bleibens. Sie ist verständlicherweise in der Regel erst im hohen Alter abgeschlossen. Sie ist ein Vorgang der Führung, Betreuung und Prägung des Menschen durch die Verhaltenserwartungen und Verhaltenskontrollen der Beziehungspartner. Der Mensch erwirbt die lebenserhaltende

Fähigkeit, sich anzupassen, gestaltet aber gleichzeitig als Mitglied und Mitträger seines sozialen Gebildes dieses selbst.

Auf der Grundlage dieser Prozesse wird die **Personalisation** möglich und notwendig. Damit sind die Selbstformung und Selbststeuerung der eigenen Triebstruktur und die Rückwirkung des Individuums auf die Faktoren der Gesellschaft und Kultur gemeint. Der Mensch muß die Fähigkeiten, die zwischenmenschlichen und gesellschaftlichen Elemente zu integrieren, erst ausbilden, um sie dann später eigenverantwortlich im Sinne seiner eigenen Interessen und Bedürfnisse anwenden zu können. Während die Sozialisation als soziale Prägung den äußeren Einfluß meint, ist die Personalisation individuelle Gestaltung und Entfaltung.

Lowen und die Bioenergetik unterscheiden in diesem breiten Spektrum von Entwicklungsprozessen mehrere Perioden. Sie sind Ergebnis eingehender psychoanalytischer Studien, therapeutischer Fallgeschichten und wissenschaftlicher Untersuchungen. Sie beschreiben idealtypisch zentrale Entwicklungsprozesse, Abläufe von Phasen, die jeweils durch krisenhaft erlebte Übergänge verbunden sind. Gleichzeitig dienen diese Unterteilungen dazu, ein Modell von Persönlichkeitsentwicklung und Differenzierung zu entwerfen. Dieses ist wichtig für Diagnostik und Verhaltensänderung, stellt letztendlich aber eine Zuschreibung dar, die in einem anderen Kontext, zu einer anderen Zeit ganz anders lauten könnte.

Lebendiges Leben

«Körperausdruck und Persönlichkeit» spiegeln die Lebensgeschichte, die wiederum zeigt, «wieviel Förderung wir erfahren haben und inwieweit es uns gelungen ist, Lebendigkeit in uns Gestalt werden zu lassen». Die Bioenergetik analysiert und arbeitet mit dem Körper und der Persönlichkeit, mit ihrer Ge-

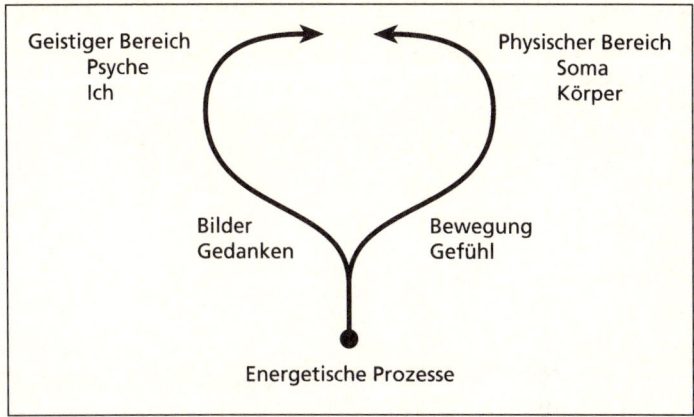

Geistiger Bereich
Psyche
Ich

Physischer Bereich
Soma
Körper

Bilder
Gedanken

Bewegung
Gefühl

Energetische Prozesse

Quelle: Lowen, «Bioenergetik»

fangenheit, mit ihrer Gebundenheit, ihren Verteidigungs- und Abwehrhaltungen, ihren Verspannungen, aber auch mit den Lebensmöglichkeiten, mit der Anmut in der Bewegung, mit der Einzigartigkeit, sich zu verwirklichen.

Leben als **lebendiges Leben** ist ein energetischer Prozeß, ein Vorgang von Erregung, Aufladung, Anspannung, Entspannung, Entladung und Loslassen. Dieses energetische Modell ist **eine Möglichkeit**, den Vollzug von Lebensprozessen darzustellen und zu verstehen. «Energetisch betrachtet bedarf es vieler Akte der Bejahung und des Nehmens, damit genügend Ladung für den Lebensvollzug zur Verfügung steht. Die Bejahung bewirkt die Initialzündung. Mit ihr kommt jeder Lebensprozeß in Gang. Im Nehmen speisen wir das benötigte Quantum an Energie ein, damit wir gut bei Kräften sind. Die produktive Seite, die Qualität der Entladung hängt wesentlich davon ab, inwieweit es gelungen ist, den Aufbau einer guten Spannung herzustellen. Die angesammelte und verdichtete Energie wird im Haltevermögen auf ein bestimmtes Niveau gebracht und steht zum Geben, zur Hingabe bereit.» Dieser energetische Viertakt jeglichen Lebensprozesses vollzieht sich

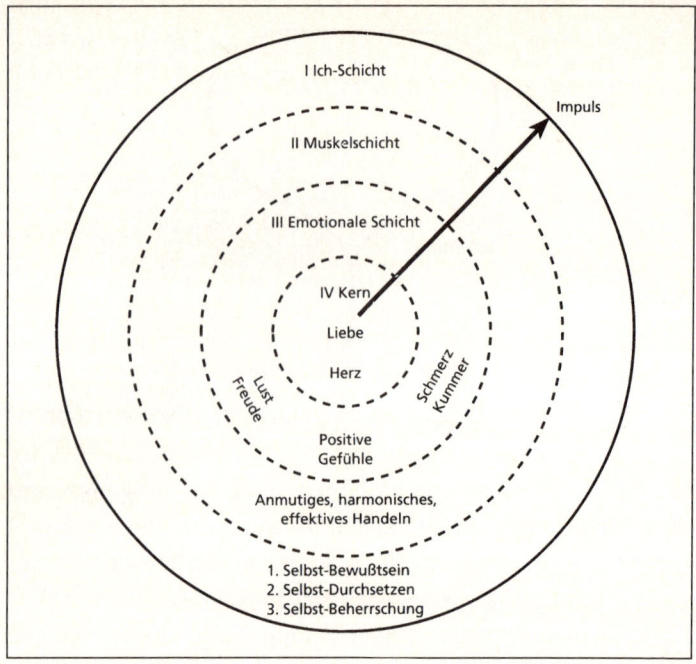

Quelle: Lowen, «Bioenergetik»

in jeder Szene des Lebens, in jeder Entwicklungsphase und über das Leben als Ganzes verteilt. Die Art und Weise, wie jeder in seiner Kindheit lernt, diesen Prozeß zu gestalten, drückt sich sowohl im Körperausdruck als auch in der Persönlichkeit aus. Sie bestimmt gleichzeitig die Lebensentwürfe des einzelnen und sein Handeln.

Die Persönlichkeit des Menschen wird von dem Grad seiner Vitalität, seiner Anmut bestimmt. Vitalität und Anmut als Lebensausdruck sind abhängig von der Stärke seiner Impulse und den Abwehrhaltungen, die errichtet worden sind, um gerade diese Impulse zu kontrollieren. Jeder Mensch hat eine spezifische innere Vitalität und ein individuelles Abwehr- bzw. Kontrollverhalten, um das Zusammenspiel von «Lust und

Realität» zu regeln. Lowen unterscheidet fünf wesentliche Entwicklungsschritte, die das Verhältnis von «Körperausdruck und Persönlichkeit» grundlegend prägen.

Der Körper und das Ich

Das Leben hat nach Alexander Lowen eine zentrale Orientierung: **Es entflieht dem Schmerz und strebt nach Lust.** «Diese Orientierung ist biologischer Natur, weil die Lust körperlich gesehen das Leben und das Wohlergehen des Organismus fördert. Wie wir alle wissen, wird Schmerz als Bedrohung der Integrität des Organismus empfunden. Wir öffnen uns und greifen spontan nach der Lust, und wir kapseln uns ab, und wir ziehen uns zurück, wenn wir uns in einer schmerzlichen Lage befinden. Wenn eine Situation jedoch Lust verspricht und gleichzeitig Schmerz androht, empfinden wir Angst.»

»» Die gesunde Persönlichkeit

Die sich im Laufe des Lebens herauskristallisierende Identität verknüpft die frühen Kindheitsphasen, in denen der Körper und die Eltern führend waren, mit den späteren Entwicklungsstufen, in denen eine Vielzahl sozialer Rollen sich darbietet und aufdrängt. **Erikson** stellt das Wachstum der gesunden Persönlichkeit anhand des epigenetischen Prinzips dar. Epigenetisches Prinzip heißt, daß alles, was wächst, einen Grundplan hat, dem die einzelnen Teile folgen. Jeder dieser Teile macht im Lauf der Entwicklung eine Zeit der Übergewichtung mit, bis alle Teile zu einem einheitlichen Ganzen herangewachsen sind. Das Konzept der Bioenergetik, das die menschliche Persönlichkeit aufgrund der energetischen Prozesse des Körpers versteht, beschreibt im einzelnen das komplexe Zusammenspiel zwischen energetischen Prozessen, biologischen Mustern, Denken, Gefühl und Beziehung sowie

Handeln. Es besteht die Auffassung, daß die unmittelbare Beziehung zwischen verschiedenen Persönlichkeitsfunktionen, Körpersegmenten und energetischen Vorgängen sich auf das persönliche Erleben, die Art der Beziehungsgestaltung und das Verhalten auswirkt und umgekehrt. Wieviel Energie ein Mensch zur Verfügung hat und wie er sie nutzt, wird über seine Persönlichkeit entschieden und sich in ihr widerspiegeln.

Der Körper spielt dabei eine zentrale Rolle. So verlangsamt z. B. ein reduzierter Energiepegel alle Persönlichkeitsfunktionen. Dies äußert sich in glanzlosen Augen, fahler Haut, angespannten Bewegungen, chronischer Müdigkeit und Frustration. Menschen mit geringer Energie sind schlechte Atmer, denn ihre Atmung ist flach und eingeschränkt. Dies ist in der Regel jedoch kein bewußtes Phänomen, sondern ein Ergebnis komplexer Entwicklungsprozesse, die sich in chronischen Verspannungen der Zwischenrippenmuskulatur oder des Zwerchfells ausdrücken, die wiederum die Atmungsbewegung des Körpers behindern. Dies ist alles Resultat emotionaler Konflikte, die bis in die Kindheit zurückreichen können. Hierdurch werden Impulse blockiert oder kontrolliert, die man selbst nicht akzeptiert, mit denen man sich nicht auseinandersetzen will.

»» Einheit von Körper und Geist

Stellen Sie sich aber auch einen Menschen voller sprühender Energie vor, der mit seiner strahlenden, überzeugenden Mimik begeistert. Oder ein durch das Alter gezeichnetes Gesicht, das Anmut und Tatkraft ausstrahlt und gerade durch das Schweigen, die Wortlosigkeit des Alters überzeugt.

Das **Gefühl der Ich-Identität** ist nach Erikson das angesammelte Vertrauen darauf, daß der Einheitlichkeit und Kontinuität, die man in den Augen der anderen hat, die Fähigkeit entspricht, eine innere Einheitlichkeit und Kontinuität auf-rechtzuerhalten. Dies geschieht im Körper und dem Innen-raum des Erlebens durch ein Zusammenspiel zwischen Lust und Schmerz, von Neugier, Interesse und Abgrenzung, Zurückweisung. Und vor allem durch das Erleben der Angst, die zwischen der verlockenden Lust und dem drohenden Schmerz liegt. Die Zwangslage zwischen Lust-Angst und Angst-Schmerz kann situativer Natur sein, kann aber auch durch die frühen Erfahrungen in der Kindheit zu einem Be-standteil der Persönlichkeit geworden sein. Ist dies der Fall, so ist in der Regel eine Rettungsphantasie, eine Illusion vorhan-den sowie ein Vermeidungsverhalten, eine Kompensation, um gerade diese Angst nicht spüren zu müssen. Hierdurch wird aber diese Angst aufrechterhalten, und die Bedingungen, die eine solche Angst verursachen, werden aufrechterhalten oder gar unbewußt erzeugt.

Nach Lowen bildet sich die **Persönlichkeit als Schutzme-chanismus und Überlebensstrategie** heraus. Sie wird vor al-lem durch folgende Aspekte bestimmt:

- Naturbedingte Anpassung des einzelnen Menschen an die Umwelt
- Ausprägung bestimmter Körperbedürfnisse, persönlicher Wünsche und Interessen
- die individuelle Art, sich situativ für den jeweiligen Moment anzupassen und Befriedigung zu finden
- Dialogfähigkeit und Beziehungsgestaltung
- Entwicklung sozialer Kompetenz und moralischer An-sprüche

So wie der Mensch lernt, Lust zu erleben und Schmerz zu ver-meiden, wird er befähigt, ein ausgewogenes Verhältnis zwi-schen Lust und Realität zu entwickeln.

Die Bioenergetik hat ein Persönlichkeitsmodell entwickelt,

das Ausdruck wissenschaftlicher Forschung und praktischer Erfahrung mit Menschen ist. Es beschreibt und charakterisiert typische Entwicklungsstadien des Menschen, die mit der Entwicklung des Körpers einhergehen. Ein **Persönlichkeits-modell** ist **kein Abbild von Menschen**, sondern eine Beschreibung von wiederkehrender Erfahrung. Ein Persönlichkeitsmodell ist gleichzeitig nur **ein Ausschnitt der Beziehung zwischen Mensch und Umwelt**. Die Bioenergetik beschreibt und charakterisiert, indem sie den Bezug zum Körper im Fokus hält. Auf eine Gegenüberstellung zu anderen Persönlichkeitsmodellen möchte ich an dieser Stelle verzichten.

Für die Praxis des Umgangs mit Menschen oder des Menschen mit sich selbst stellt das bioenergetische Persönlichkeitsmodell eine Hilfe dar, das Verhältnis von Körper und Persönlichkeit und Verhalten zu verstehen und um andererseits Ansatzpunkte für Selbsterfahrung, Körpererfahrung, Verhaltensänderung usw. zu bieten.

Das **bioenergetische Persönlichkeitsmodell** geht grundsätzlich von fünf Entwicklungsschritten aus:

- «Ich werde in eine Welt hineingeboren und weiß nicht, ob ich willkommen bin» (der Analytiker)
- «Ich werde versorgt, aber ich weiß nicht, ob der andere mir das gibt, was ich brauche» (der Kommunikative)
- «Ich kann alleine gehen, und ich weiß nicht, ob ich meine Selbständigkeit behalte» (der Macher)
- «Ich kann mich verweigern, aber ich weiß nicht, ob ich Unabhängigkeit im Leben finde» (der Verläßliche)
- «Ich spüre meine Sexualität und weiß nicht, ob ich mit einem Mann oder mit einer Frau Sexualität / Lust, Begierde und die Weichheit der Herzensgefühle leben kann» (der Erfolgreiche)

Hierarchie der Gefühle

Ein wesentliches Leitkriterium in der Entwicklung des Menschen, wie sie in der Bioenergetik grundsätzlich in fünf Entwicklungsschritten beschrieben wird, ist das **Erleben von
Kontakt, Nähe und Intimität.** Dieses Kriterium entscheidet
darüber, daß das Kind in einem harmonischen Zusammenspiel mit der Mutter / dem Vater ein gutes Selbstwertgefühl
und Beziehungsfähigkeit entwickeln kann. Die «Hierarchie
des Selbstgefühls» kann wie folgt beschrieben werden:

Der **Analytiker** meidet intime Nähe.

Der **Kommunikative** kann Nähe nur auf der Grundlage seines
Wunsches nach Wärme und Halt leben.

Der **Macher** kann nur dann eine Beziehung aufbauen, wenn
er von den Menschen gebraucht wird.

Der **Verläßliche** kann eine Beziehung aufbauen, dies geht
aber nur über den Preis, «sich zu unterwerfen».

Der **Erfolgreiche** lebt ein reichhaltiges Beziehungsleben, das
bei genauer Betrachtung durch die innere Vorsicht gekennzeichnet ist: auf der Hut bleiben zu müssen.

Innerer Konflikt

Jede Persönlichkeit prägt aufgrund der spezifischen Erfahrung
in der Kindheit einen inneren Grundkonflikt in sich aus. Dieser Konflikt entsteht durch die gleichzeitig vorhandenen Wünsche, die Bedürfnisse nach Intimität, Nähe und Selbst-Ausdruck. Dies gelingt nur über die Interaktion mit der Mutter.
Gerade durch die Beziehungserfahrung und das Wechselspiel

von Bedürfnis und Versagung kommt es zu einem inneren Konflikt, der die Mutter-Kind-Beziehung und oft die weitere Lebensentfaltung kennzeichnet. Jeder Mensch lernt, wie auch immer, mit diesem inneren Konflikt umzugehen. Die Persönlichkeitsstruktur ist dann der beste Kompromiß, den der Betreffende in Anbetracht seiner kindlichen Erfahrung und Lebensumstände treffen konnte. Der Kompromiß beinhaltet das Ausmaß der erlebten Versagung und den Grad an Überlebensfähigkeit, nämlich hiermit klarzukommen.

Entsprechend dem bioenergetischen Persönlichkeitsmodell kommt es zu folgenden Kompromißlösungen:

«Wenn ich mein Bedürfnis nach Nähe ausdrücke, ist meine Existenz bedroht.» Der Kompromiß lautet: «Ich kann existieren, wenn ich keine Nähe brauche.» (**Existenz** vs. **Bedürfnis**)

«Wenn ich Selbstbewußtsein und Unabhängigkeit spüre, muß ich auf Nähe, Wärme und Halt verzichten.» Dies führt zu dem Kompromiß: «Ich kann nur Wärme und Halt finden, wenn ich auf meine Selbständigkeit verzichte.» (**Bedürfnis** vs. **Unabhängigkeit**)

Das Zusammenspiel zwischen dem Wunsch nach Unabhängigkeit / Selbständigkeit und dem Bedürfnis nach Geborgenheit und Beziehung mündet in dem Konflikt: «Ich kann dir nah sein, wenn ich zulasse, daß du mich lenkst.» (**Unabhängigkeit** vs. **Nähe, Geborgenheit**)

Der Mensch steht in dem Konflikt zwischen dem Wunsch nach Beziehung und dem Bedürfnis nach Freiheit: «Wenn ich frei bin, wirst du mich nicht lieben.» Dies führt zu dem Kompromiß: «Ich will dir gehorchen, und du wirst mich dafür lieben.» (**Nähe, Geborgenheit** vs. **Freiheit**)

Der Mensch erlebt sich relativ frei, spürt aber, daß er über seine Freiheit wachen muß. Gefühle des Herzens dürfen den Kopf nicht zu sehr verdrehen. «Ich kann frei sein, wenn ich nicht den Kopf verliere und nicht vor der Liebe kapituliere.» (**Freiheit** vs. **Kapitulation vor der Liebe**)

Bewußtsein menschlicher Rechte

Im Lauf der entwicklungsbedingten Konfliktgestaltung und dem Wachstum der Persönlichkeit wird sich das Kind zusehends menschlicher Rechte bewußt. Entsprechend dem bioenergetischen Persönlichkeitsmodell werden die fünf folgenden Rechte erfahrbar:

- Das Recht zu **existieren**
- Das Recht, seine **Bedürfnisse befriedigen** zu können
- Das Recht, **selbständig** und **unabhängig zu sein**
- Das Recht auf **Unabhängigkeit**
- Das Recht, zu wünschen, **zu begehren** und seine **Wünsche unmittelbar und offen zu befriedigen**.

| 5 | KÖRPERSPRACHE |

Der Analytiker

(Stimme: etwas hohl, monoton, leer, mechanisch, unbeteiligt)

Nun, ich kenne Streß – merke ihn aber zum Glück nicht oft. Manchmal überfällt er mich bei großer Freude, einem Schrecken, oder wenn die Leute was von mir wollen. Dann ziehe ich mich lieber in mich zurück. Bin still oder gehe einfach weg. Viele halten mich für einen Außenseiter. Sie tuscheln im Büro über mich oder halten mich für einen Träumer. Ist mir egal. Ich reiße mich zusammen und kann alles genügend kontrollieren. Dann geht's schon.

Körperlich fühle ich mich soweit so gut dabei. Wenn nicht dieser Schmerz, diese Spannungen im Kopf und im Nacken wären. Meine Augen schauen dann so mühsam und sind ganz fest. Am liebsten will ich niemanden ansehen müssen. Wenn ich Pech habe, werde ich müde vom Nichtstun. Ist doch seltsam!

Mache Jogging, alleine, klar, dann geht's mir besser. Dann hellt sich meine Stimmung auf. Meine Freundin mäkelt trotzdem an mir herum. Meint, ich würde so komisch gehen, so, wie ein Automat. Wenn ich laufe, sagt sie, sei ich wie weggetreten. Was die immer von mir will!

» » Die Analyse

Wenn das **Kind** im Mutterleib oder in den ersten Monaten nach der Geburt seitens der Mutter oder des betreffenden Umfeldes abgelehnt wird und das Baby diese Ablehnung als Zurückweisung der gesamten Person gegenüber spürt, so erlebt es aufgrund der Abhängigkeit zur Mutter eine existentielle Bedrohung. Diese Zurückweisung erzeugt im Kind eine tiefe innere Grundstimmung, nämlich nicht erwünscht zu sein, kein Recht auf Existenz zu haben. Ablehnung und Zurückweisung können auf unterschiedliche Art ausgedrückt werden: durch Erschrecken, Schock, fortdauernde Distanz, einen kalten Blick usw. Das Baby zieht sich mit seinem Erleben und seiner Aufmerksamkeit nach innen zurück, indem es den Kontakt zur Mutter, zur Außenwelt unterbricht. Dieser psychische Schutzmechanismus verhindert das weitere Eindringen solcher bedrohlicher Signale, soll aber das Baby auch vor nicht aushaltbaren, eigenen diffusen Gefühlen schützen. Es ist weiterhin wach und aufmerksam für seine Umwelt. Die Gedankenwelt spaltet sich jedoch von der emotionalen Innenwelt ab. Im Lauf der späteren Kindheit kann es innere Bilder, eine kompensatorische Phantasiewelt entwickeln, in der es geliebt und bewundert wird. Isolationsgefühle und wiederkehrender Kontaktabbruch bestimmen das spätere Leben. Die Persönlichkeitsentwicklung ist durch ein begrenztes Selbstgefühl, ein schwaches Ich und einen verminderten erlebnismäßigen Kontakt zum eigenen Körper und dessen Gefühlen verbunden.

Der **Energiefluß** findet vornehmlich im Inneren des Körpers statt. Die Energie wird von den äußeren Bereichen des Körpers zurückgehalten, die nämlich den Kontakt zur Außenwelt herstellen können (Gesicht, Hände, Genitalien, Füße). Der Energiefluß ist vornehmlich an der Schädelbasis, Schulter- und Hüftgelenken und Becken blockiert. Der Körper wirkt unbelebt und «energetisch unterbrochen». Die nach außen hin eher schwach wirkende energetische Ladung kann aber nicht über tiefe innere Spannungen und einen damit verbundenen Energiestau hinwegtäuschen. Dieser kann unter (als bedrohlich erlebten) Umständen, bei gewissen Konflikten, im Beisein bestimmter Menschen zu einem unkontrollierten Ausbruch kommen.

Der Gesichts**ausdruck** ist oft unbeweglich und wirkt manchmal maskenhaft. Die Augen leblos, ausdrucksarm. Der Blick entweder in die Weite gerichtet oder ohne ein Leuchten. Die Arme wirken, als würden sie losgelöst vom Rumpf agieren. Die Füße haben keinen guten Bodenkontakt, sind verkrampft oder in den Knöcheln angespannt. Die Haut ist schwach durchblutet, und die Person wirkt als Ganzes in ihrer Haltung und Bewegung eher unauffällig. So als wäre sie gar nicht da. Und doch werden solche Menschen verwundert angeschaut. Denn man hat den Eindruck, als würde der Körper nicht richtig zusammenpassen, nicht von derselben Person sein, da er manchmal unmerklich unkoordiniert wirkt und sich ruckartig bewegt.

Menschen, die dieses in ihrer frühen Kindheit erfahren haben, können sich nicht mit ihrem eigenen Körper identifizieren. Kopf und Körper scheinen nicht miteinander verbunden zu sein. Diese Menschen leben oft unterschiedliche, für Außenstehende nicht vereinbare Einstellungen. So kann jemand unnahbar oder gar arrogant wirken und gleichzeitig sich minderwertig fühlen. Das Kind lernt nicht, sich vertrauensvoll auf Nähe und Intimität einzulassen, obwohl gleichzeitig eine überstarke Sehnsucht nach Begegnung und Körperlichkeit entsteht, die in eine Suche nach «nie erlebten symbiotischen Verschmelzungen mit dem anderen» mündet.

An die Stelle des Handelns im Urvertrauen tritt ein Verhalten, das verstandesmäßig begründet wird, das dabei nicht selten unnatürlich und aufgesetzt wirkt. Die Worte des Menschen klingen plausibel und logisch, und doch scheint es zu sein, daß die Person den Lebenshalt im Reich der Ideen findet statt in einem sicheren Gefühl für sich selbst.

Der **Bezug zur Wirklichkeit**, zum Beziehungsalltag läuft oft über die Bildung von Phantasien und Illusionen. Fühlt man sich grundsätzlich abgelehnt, kann man das Leben nur dann erträglich gestalten, wenn man eine alternative Innenwelt aufbaut, um nicht in abgrundtiefe Verzweiflung zu fallen. Dabei geschieht es manchmal, daß die Illusionen und inneren Bilder insgeheim weitergepflegt werden in der Hoffnung, daß sie einmal verwirklicht werden könnten. Dies alles macht den Menschen zu einem einsamen Wanderer in einer eher bedrohlichen Welt. Der Wanderer sieht genau, wo er hingeht, auf welchem Weg er läuft und wem er begegnet. Er weiß um die Gefahren, die da lauern, und um die Notwendigkeit aufzupassen. Realitätsbezug heißt jetzt Kontrolle der Realität. Um sich selbst zu sichern und um den Gefahren vorzubeugen.

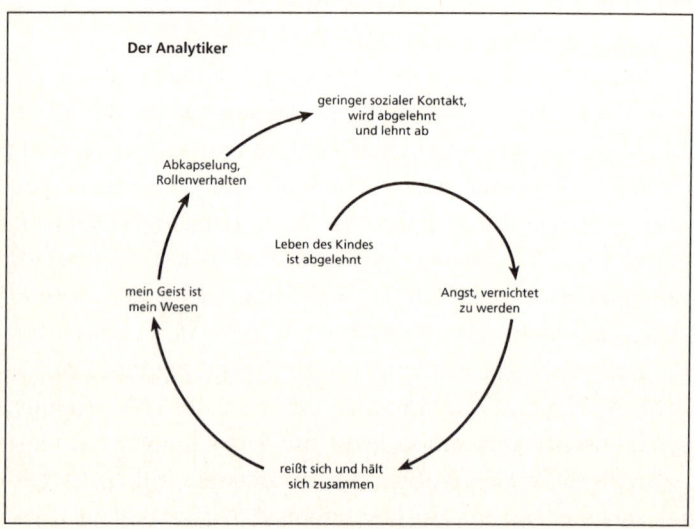

Der Analytiker

geringer sozialer Kontakt, wird abgelehnt und lehnt ab

Abkapselung, Rollenverhalten

Leben des Kindes ist abgelehnt

mein Geist ist mein Wesen

Angst, vernichtet zu werden

reißt sich und hält sich zusammen

»» Der Kommunikative

(Stimme: fragend, schwach, kindlich, bittend, aber auch wieder kritisierend – fordernd)

Gut, daß ich jetzt erzählen kann und Sie mir zuhören. Wissen Sie, ich schaffe das alles im Leben gar nicht so richtig, fühle mich kraftlos, hilflos und von den anderen verlassen. Meine Fragen werden nicht beantwortet. Auch wenn ich was sage und mit meinen Bekannten zusammen bin, ändert sich nichts. Es ist schwer so alleine. Irgendwann muß mich doch jemand verstehen und bei mir bleiben.

Ich fühle mich bei Streß schnell schwach und erschöpft. Warum hat in meinem Leben denn nie einer richtig für mich gesorgt? Immer alles alleine machen!

Auch wenn ich Sport oder so etwas machen möchte, es geht gar nicht. Habe nicht genügend Energie und Durchhaltevermögen. Sie sehen ja meinen Körper, wie dünn er ist. Werde oft vom Stehen schon erschöpft und muß mich hinsetzen. Wenn da nicht diese Ansprüche, diese Wünsche, diese Erwartungen wären. Immer sollte ich schon erwachsen sein und auf meinen eigenen Beinen stehen. Aber wie soll das denn gehen?

Zum Glück bin ich nicht auf den Mund gefallen. Ich werde mich schon melden, um meinen Ansprüchen Gehör zu verschaffen.

»» Die Analyse

Fühlt das **Baby** sich willkommen in der Welt, verlangt es im Babyalter einen intensiven, liebevollen psychophysischen Kontakt sowie eine ausreichende Versorgung. Strampeln, Schreien, sehnsüchtiger Blick und ausgestreckte Ärmchen sind Ausdruck der elementaren Bedürfnisse, die es befriedigt haben möchte. Hierbei ist von entscheidender Bedeutung, daß das Baby über den Aufbau eines Grundgefühls das Recht spürt, Bedürfnisse überhaupt entwickeln zu dürfen und der Umwelt gegenüber zu äußern. Geht die Umwelt, die Mutter in der Regel, nicht ausreichend auf das Verlangen des Babys ein, reagiert sie nicht auf das Schreien oder überschüttet sie das Kind mit Nahrung, Wärme und Nähe, so kann das Baby die Äußerung seiner Bedürfnisse, die Art der Befriedigung nicht selbst (mit-)bestimmen. Entweder wird ihm die Befriedigung vorenthalten, oder es wird überschüttet. Auswirkungen einer solchen Entwicklung sind dann: das Problem, eigene Bedürfnisse als solche zu spüren, mangelnde Selbständigkeit, die Neigung, sich an andere zu klammern, verminderte Aggressivität, das innere Gefühl, man müsse gehalten, gestützt und behütet werden, was immer auch geschehen mag.

Das Baby rettet sich in einer frühreifen Entwicklung durch eine **übertriebene** Selbständigkeit. Diese (z. B. altklug wirkenden) Kinder lernen relativ früh sprechen und laufen, obwohl die Füße und Beine noch gar nicht genug entwickelt sind, um ein sicheres Gehen und Stehen zu erlauben.

Im späteren Leben macht der Mensch mit einer solchen Entwicklung die anderen für das verzweifelte Gefühl der inneren Leere verantwortlich. «Die Welt schuldet mir noch mein Leben.»

Der Gesamtorganismus zeigt ein schwaches **Energieniveau**. Zwar fließt die Energie, die Erregung bis zur Peripherie des Körpers. Dies geschieht aber nur schwach. Die Kontaktpunkte zur Umwelt (Genitalien und Gliedmaßen) sind ungenügend «emotional geladen». Der Mensch verfügt über eine reduzierte Lebendigkeit, über eine geringe Durchhaltekraft und Spannkraft. Es ist für ihn schwer, genügend Energie aufzubringen, um den Erfordernissen des Alltags gerecht zu werden. Dieser Mensch erlebt im Beisein anderer Menschen seine Hilflosigkeit, seine Abhängigkeit, das eigene Unvermögen, das Leben selbst in die Hand zu nehmen.

Der **Körper** ist entweder lang und dünn, nicht selten wie ein Fragezeichen gebogen, oder füllig und mit viel Bindegewebe. Es gibt wenig muskuläre Verspannungen. Die Muskelschwäche führt zu einem eingefallenen Brustkorb, zu Kurzatmung, zu Kraftlosigkeit der Arme und Beine. Man kann den Eindruck gewinnen, daß die Beine den Körper gar nicht tragen können. Die Bewegung ist eingeschränkt und wenig aktiv. Bewegung empfindet dieser Mensch grundsätzlich als anstrengend, er ist schnell erschöpft und ermüdet.

Die Energie sammelt sich im Kopf, der mit seinen Funktionen als Kompensation ein Gleichgewicht bilden soll. Nicht selten ist er leicht nach vorne geschoben, nicht selten ist der Blick flehend und hilfesuchend. Ablehnende Gefühle kommen primär in der Stimme und den oft kritisierenden Worten zum Ausdruck.

Geistig sind diese **Menschen** anderen oft überlegen. Doch kann dies nicht zu einer Stärkung des Selbstwertgefühls führen, da eine leichte depressive Grundstimmung («ich kann sowieso alleine nichts») die Befindlichkeit trübt.

Zurückweisungen und Enttäuschungen und mangelnde Berücksichtigung des eigenen Willens des kleinen Babys bringt es in den Widerspruch zwischen Geborgenheits- und Unabhängigkeitsstreben. Menschen, die eine solche Entwicklung durchlaufen haben, können emotional nicht auf den eigenen Beinen stehen, sie sind angewiesen auf andere Menschen. Es besteht ein großes Bedürfnis nach Kontakt und Kommunikation. Gehen sie später eine Beziehung ein, so sind sie nicht selten ihren eigenen Stimmungsschwankungen so unterworfen, daß sie sich nicht mit den Bedürfnissen des Partners auseinandersetzen können, um diese zu erfüllen.

Sexuelle Erregung und sexuelle Erfüllung werden nicht selten durch Zärtlichkeit und Liebkosungen ersetzt. Auch wenn eine sexuelle Beziehung gewünscht wird, kann sich allein schon aufgrund des geringen Energieniveaus keine sexuelle Spannkraft, keine Lust aufbauen.

Diese Menschen wecken in ihrem Gegenüber oft einen Beschützerinstinkt, eine Geste der Hilfe, weil sie keinen Hehl daraus machen, ihre Schwäche und Anhänglichkeit zu zeigen. Werden sie dann gar verlassen, weil zum Beispiel keine lustvolle sexuelle Beziehung möglich ist, so wiederholt sich die Erfahrung aus der Kindheit. Das Grundgefühl des Verlassenseins und der Hoffnungslosigkeit wechselt sich ab mit Hochstimmung, mit einer kraftvollen Phantasie, doch noch das anstrengende Leben bewältigen zu können. Man gibt sich betont selbständig, bricht aber immer wieder unter den realen Belastungen zusammen. Gerade hierdurch können nicht die Spielregeln der Erwachsenenwelt, nämlich das gegenseitige

Der Kommunikative

Mißachtung der
versteckten Hilflosigkeit

übertriebene Selbständigkeit
und doch fragende Haltung

(respektlose) Verweigerung
von ausreichender Nahrung,
Wärme und Halt

Bestreben,
nicht verlassen
zu werden

kann nicht auf
eigenen Beinen
stehen

klammert sich fest

Geben und Nehmen, verwirklicht werden. **Realitätsbezug** heißt Suche nach einer Quelle zur Befriedigung der Bedürfnisse, Suche nach einem Menschen, der Halt gibt.

Der Macher

(Stimme: weich, angenehm, verführerisch, dann wieder klar, mächtig und aufgeblasen)

Streß kann mir nichts anhaben. Damit werde ich immer fertig! Streß ist wie die Würze des Lebens, ohne ihn ist alles für mich langweilig.

Im übrigen ist alles eine Frage von Willenskraft. Auch wenn's mal eng, brenzlig und nicht mehr überschaubar ist oder mir einfach zuviel ist, finde ich immer eine Möglichkeit, einen Ausweg oder neue Kraft zum Weitermachen. Ich werd's den anderen schon zeigen. Ich brauch die gar nicht, auch wenn's ab und zu weh tut und ich mich am liebsten verkriechen möchte.

Was ich für mich tue? Nun, ich mache Kraftsport, das tut dem Körper gut, stärkt die Muskeln, und, Sie wissen doch, die Frauen wollen das! Am Wochenende bin ich mit meinem Bock unterwegs. Wie? 'Nen Nierenschutz brauch ich nicht, ist doch jetzt viel zu warm.

Bis vor kurzem hab ich noch zweimal die Woche Squash gespielt. Geht jetzt nicht mehr, hab 'ne Zerrung in der Schulter und 'nen Muskelfaserriß in der Wade. Konnte längere Zeit nicht laufen. Durch die Ruhe habe ich jetzt immer so einen Druck, so einen Schmerz in der Brust. Das letzte EKG, fragen Sie? War in Ordnung! Wieso auch, was denken Sie denn von mir! Bin topfit!

Kann das **kleine Kind** ein gutes Ich-Gefühl aufbauen, ist es willkommen in der Welt und wurde es bei der Befriedigung seiner Bedürfnisse geachtet, so geschieht es nicht selten, daß es in einer weiteren Phase der Entwicklung zu einer unterschwelligen (sexuellen) Verführung durch einen Elternteil kommt. Vater oder Mutter verhalten sich so (und befriedigen hierdurch eigene, narzißtische Bedürfnisse), daß sie das Kind an sich binden, obwohl dieses eigene Wege gehen will. Der verführende Elternteil lockt das Kind, lehnt es aber auch insoweit ab, als er das kindliche Bedürfnis nach Halt, Kontakt und emotionaler Unterstützung mißachtet. Das kleine Kind fühlt sich groß und aufgewertet, schließlich leugnet es seine eigenen Gefühle von Kleinsein, Hilflosigkeit, Sehnsucht nach engem Kontakt und Halt. Dies führt oft dazu, daß es sich in einem Gefühl von Großartigkeit wähnt und wiederum versucht, Vater oder Mutter zu manipulieren.

Alexander Lowen unterscheidet zwei mögliche Entwicklungen. Entweder gestaltet sich die Eltern-Kind-Beziehung zu einer eher tyrannisierenden oder zu einer verführenden, latent manipulierenden.

Die Auswirkungen dieser Entwicklung, dieses Grundkonflikts wirken in die Dreierbeziehung zwischen Vater, Mutter und Kind. Behandelt beispielsweise die Mutter ihren Sohn wie einen kleinen Prinzen, was nicht selten geschieht, oder wie einen «Ersatz-Mann», mißachtet sie dabei die noch kindlichen Gefühle des Jungen. Der Kleine fühlt sich der Mutter gegenüber großartig und grenzt sich dem Vater gegenüber ab. Hierdurch kommt es zu einer Schranke in der Entwicklung, zu einer Schwierigkeit, sich mit dem gleichgeschlechtlichen Partner, dem Vater, zu identifizieren. Diese Schranke erschwert also die Identifikation des kleinen Jungen mit dem Vater als Mann.

Das Kind ist in dieser Phase der unbewußten Gestaltung der Dreierbeziehung äußerst verwundbar, aber auch beeinflußbar, manipulierbar.

Der kräftige **Energiefluß** im Körper strömt nach oben zum Kopf, und es kommt zu einem energetischen Ungleichgewicht. Der obere Bereich des Körpers ist gut entwickelt, energiereich und dominiert das Erscheinungsbild. Unterhalb der Taille und Zwerchfellgegend ist der Energiefluß hingegen eingedämmt. Dies geht einher mit einer eingeschränkten Wachheit und Wahrnehmung für diesen Körperbereich. Diese Energieverteilung findet seine Entsprechung in dem Leugnen der eigenen Gefühle, besonders der sexuellen Gefühle.

Der **Oberkörper** wirkt hochgezogen, «aufgebläht», die untere Hälfte vergleichsweise schmal und unentwickelt. Arme, Hände und Schultern sind kräftig. Der Blick ist wach und wird oft mit einem Adlerblick verglichen. Es gibt tiefe Verspannungen in der Augenpartie, dem Hinterkopfbereich, an der Schädelbasis, im Zwerchfell. Gerade diese unterstützen die Kopflastigkeit des Menschen und schränken die Fähigkeit ein, das, was in der Welt wahrgenommen wurde, nach innen fließen zu lassen, so daß Gefühle entstehen und gespürt werden.

Die Kopflastigkeit und der schwache emotionale Kontakt zur Erde, zum Boden der Wirklichkeit (Grounding) mobilisieren die ständigen Prozesse von Aufmerksamkeit, Kontrolle und Lenkenwollen. Die **Wirklichkeit** des Lebens wird dann durch die Kontrolle der Umwelt gemeistert. Den Drang nach Macht und Einflußnahme und das Bedürfnis, sich nichts aus der Hand nehmen zu lassen, drückt sich darin aus, sich selbst und andere steuern und lenken zu wollen.

Dieser **Mensch** ist durch den starken Wunsch, durch den anderen anerkannt zu werden, beeinflußt. Ohne es bewußt zu merken, lebt er in der ständigen Besorgnis, sein gutes Image zu verlieren oder über ein ungenügendes Image zu verfügen.

Das Erleben, das Denken und das Handeln dieses Menschen wird durch die unbewußte Angst, gesteuert zu werden, geprägt. Die Umkehrung dieser Angst begründet dann den Drang, selbst andere zu steuern. Beziehungen werden oft danach beurteilt, ob sie gefährlich sind, ob sie für die Durchsetzung der eigenen Interessen hilfreich sind. Letztendlich bleibt man selbst der Macher und Sieger. Hinter der Großartigkeit, die man erlebt und zeigt, steckt oft eine tiefe Angst vor Abhängigkeit und Gefühlen der Bedürftigkeit, der Schwäche und Hilflosigkeit. Die Illusion von Großartigkeit, Machtgefühl und Mut sollen über die Erfahrung des Kindes hinweghelfen, selbst ohnmächtig einer Verführungssituation ausgeliefert gewesen zu sein.

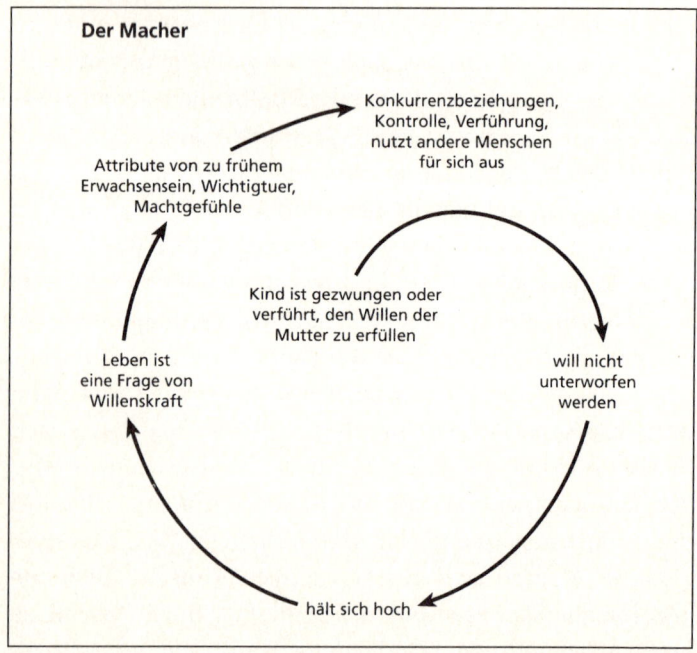

Der Verläßliche

(Stimme: weich, traurig, leidend, etwas irritierend)
Ich mache doch alles falsch! Immer diese Hilflosigkeit.
Werde das alles, ob Streß oder nicht, sowieso nicht schaf-
fen. Bemühen werde ich mich schon. Verlassen Sie sich
auf mich, arbeiten kann ich, nur mit dem Spaß hapert's.
Und wofür auch, ändern tut sich doch nichts. Ja, meine
Vorgesetzten schätzen und loben mich, aber wenn ich
ehrlich bin, verdient habe ich es nicht. Manchmal fühle
ich mich wie ausgenutzt, wie ein Gefangener. Muß all die
Mühe und Belastung aushalten. Bei uns in der Firma will
ja keiner den Kleinkram machen, und dazu noch nach
Feierabend. Ob die wirklich mit mir zufrieden sind?
O ja, körperlich macht mir das viel zu schaffen. Bin durch
die Jahre gebeugt und innerlich wie festgefahren. Meine
Bewegungen sind mühsam und schwer. Muß immer
wieder unterbrechen zum Luftholen. Bin wegen diesem
Druckgefühl, dieser Schmerzen bei verschiedenen Fach-
leuten gewesen – ohne Erfolg. Konnten alle nichts fin-
den. Aber ich merke es doch. Sagen Sie mal selbst, wer
kann einem denn heute noch helfen?
Die meisten meinen es gut mit einem, aber was hilft's.
Und was das alles kostet. Nur gut, daß ich nach meiner
Berentung meine kleine Nebenbeschäftigung behalte.
Will doch zu etwas nütze sein!

»» Die Analyse

Die Entwicklung im zweiten bis vierten Lebensjahr zeigt dem
Kind, wie es sich gegen andere Menschen, gegenüber seiner
Umwelt abgrenzen und sich selbst behaupten kann. Vielfach
verleiht das Kind seinem Anspruch auf Eigenständigkeit und

Selbstbehauptung mit einem trotzigen Nein Nachdruck. Werden diese Bemühungen, dieser Selbst-Ausdruck durch die Eltern nicht respektiert, unterdrückt, so resigniert das Kind und hält seine Gefühle, seinen Selbst-Ausdruck zurück oder unterbindet ihn gänzlich. Untersuchungen von Familien zeigen, daß bei einer solchen Entwicklung Liebe und Anerkennung mit starkem Druck einhergehen. Vielfach dominiert die Mutter und opfert sich auf, während der Vater passiv und «unterwürfig» ist. Durch die dominierende Mutter gewissermaßen erstickt, empfindet das Kind bei jedem Versuch, seine Selbständigkeit zu beweisen oder gar eine entgegengesetzte Einstellung zu vertreten, Ohnmacht und Schuldgefühl. Der Druck in der Familie kann sowohl durch aktiven Druck oder durch Überbehütung, Überschütten mit Liebe bestehen. Nicht selten geht dieser Druck mit der Anpassung an moralische Normen einher. Das Kind erlebt sich erdrückt, es hat Angst, aus sich herauszugehen, weil es merkt, daß ihm die elterliche Liebe, der wohlwollende Schutz vorenthalten sind. Die vielfachen Versuche, doch noch Veränderungen herbeizuführen, münden in ein resigniertes Grundgefühl: kein Recht auf Unabhängigkeit zu haben. Denn jeder weitere Versuch des Kindes, sich diesen Freiraum trotz der Mißbilligung der Eltern zu nehmen, wird durch Strafe oder moraline Liebe überlagert.

Energetisch gesehen liegt eine starke Aufladung vor, die mit allen Mitteln zurückgehalten, gebremst wird. Es kommt zu starken Verspannungen im Schulter-, Hals-, Beckenbereich. Nicht selten wirken diese Menschen so, als könnten sie platzen. Der Atem ist gepreßt, die Stimme nicht selten klagend und nörgelnd, der **Körper** ist muskulär, nicht selten gedrungen und komprimiert. Der Gesichtsausdruck ist oft angestrengt, müde, leidend oder schmerzlich. Die Bewegung schwergängig, zögerlich, und es scheint, als würde jeder Schritt eine Anstrengung darstellen.

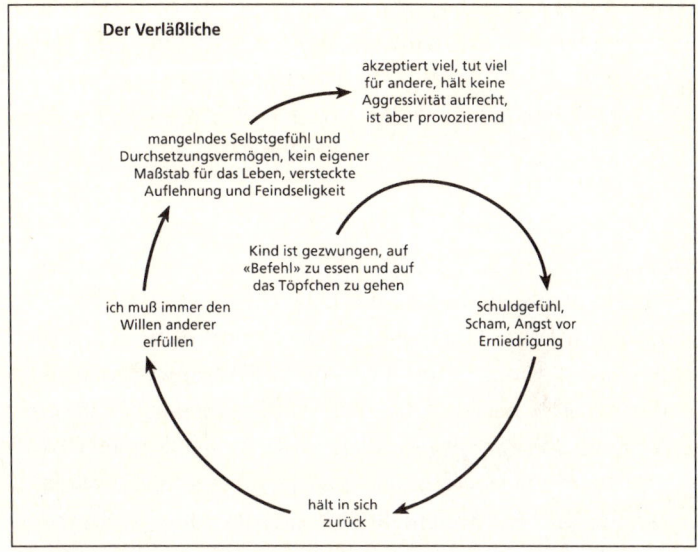

Der Verläßliche

akzeptiert viel, tut viel für andere, hält keine Aggressivität aufrecht, ist aber provozierend

mangelndes Selbstgefühl und Durchsetzungsvermögen, kein eigener Maßstab für das Leben, versteckte Auflehnung und Feindseligkeit

Kind ist gezwungen, auf «Befehl» zu essen und auf das Töpfchen zu gehen

ich muß immer den Willen anderer erfüllen

Schuldgefühl, Scham, Angst vor Erniedrigung

hält in sich zurück

Der **Mensch** erstickt am «mütterlichen Zuviel» und an dem «mütterlich Falschen», wobei weder auf Bedürfnis noch Rhythmus des Kindes Rücksicht genommen wird. Das Kind ist durch die Schuldgefühle gefügig gemacht und zum Gehorsam gezwungen. Es kann nicht wütend sein, es kann sich nicht bewußt abgrenzen, um seine eigenen Interessen zu berücksichtigen. Unterwürfigkeit ist an die Stelle aggressiver Impulse getreten. Gelegentliche gezielte Provokationen dienen als Ventil, um einen Bruchteil der Erregung und emotionalen Ladung, der Wut rauszulassen. Schließlich bedauert man, sich so verhalten zu haben, fühlt sich durch den eigenen Selbstausdruck gedemütigt. Und doch schlummern im Inneren latente Rachegefühle, es irgendwann dem anderen heimzuzahlen!

Der Mensch besitzt einen guten **Realitätskontakt** und akzeptiert die Anforderungen des Alltags, stellt sich aber innerlich unbewußt dagegen. Er erlebt sich nicht selten in einer Versagerrolle. Spricht man ihm Mut zu, versucht er, sich die eigene Rolle noch dadurch zu rechtfertigen, daß er sich ja wirklich nicht genug angestrengt habe. Diese Rationalisierung stützt aber indirekt ein unterschwelliges Überlegenheitsgefühl, nämlich letztendlich das eigene Schicksal zu bestimmen.

Der Erfolgreiche

(Stimme: ausdrucksvoll, fest, gewinnend, selbstbewußt) Erfolg ist keine Frage in meinem Leben. Wenn ich was anpacke, gelingt es mir. Das Leben will gemeistert werden. Streß? – gehört dazu. Wie? Werde es schon schaffen. Ist doch immer gutgegangen. Ein bißchen Verzicht ist wohl dabei. Sie wissen schon. Mal wird es abends später, für die Kinder ist weniger Zeit da, und die spontanen Ausflüge müssen wegfallen. Später werde ich aber alles nachholen. Das Geschäft läuft so gut, daß ich mich bestimmt eher auf's Altenteil zurückziehen kann. Dann werden wir verreisen und uns was gönnen. Meine Frau, fragen Sie, die hat sich damit arrangiert, kann sich jetzt alles leisten. Sieht wirklich schick aus. Und wenn wir abends geschäftlich ausgehen, wird sie bewundert. Klar genießt sie das! Körperlich geht's mir gut. Lasse mich regelmäßig durchchecken. Alles in Ordnung. Spiele doch auch Tennis. Meisterschaften und so. Sie wissen doch. Letztens war mir trotzdem ein wenig mulmig zumute. Ein Geschäftsfreund, mit dem ich lange zu tun hatte, genauso fit wie ich, immer Sport, regelmäßige Gesundheitschecks, der kippt einfach um. Herzinfarkt. Wollte zum Jahresende mit allem aufhören. Nur noch für die Familie da sein. Schrecklich, nicht wahr? Zum Glück ist mein Arzt zufrieden mit mir!

»» Die Analyse

In einem weiteren Entwicklungsschritt erlebt sich das **Kind** in seinem Bedürfnis nach Liebe und seinem Bemühen um körperliche Intimität und Nähe auf dem Hintergrund erotischer Gefühle und dem Streben nach Lust, besonders auf der genitalen Ebene. Es erlebt eine Zurückweisung seines Strebens nach erotischer und sexueller Lust als «Schlag gegen sein Liebesbedürfnis», denn «erotische Lust, Sexualität und Liebe sind für den kindlichen Geist synonym».

Aufgrund einer starken Ich-Entwicklung mit einem guten Wirklichkeitskontakt kann das Kind dieses Erleben nicht leugnen und ins Unbewußte drängen. Es gerät in einen Zwiespalt zwischen Liebe und Lust, zwischen Herzensgefühlen und sexuellen Gefühlen. Es kann diesen Zwiespalt oft nur dadurch regeln, daß es sich kontrolliert und die Bedürfnisse maßvoll befriedigt. Das Kind, später der erwachsene Mensch, bleibt ständig auf der Hut, er manövriert gewissermaßen in der Beziehung, um körperliche Nähe, um sexuelle Erfüllung zu erreichen.

Diese Entwicklungsphase geht etwa vom dritten bis sechsten Lebensjahr. Es ist die Zeit, in der das Kind den unbewußten Wunsch spürt, dem gegengeschlechtlichen Elternteil näherzukommen, was manchmal in dem kindlichen Wunsch geäußert wird, «Mama (oder Papa), ich will dich heiraten».

Das Kind spürt ein hohes **Energieniveau**, und die Energie ist im gesamten Körper gut verteilt. So daß gewissermaßen der Kontakt zur Außenwelt, zur Beziehungswirklichkeit, zum Gegenüber bewußt wahrgenommen und als Erregungsgefühl erlebt wird. Besonders der Kopf und die Genitalien sind im Zentrum des Erlebens. Zwar ist der Mensch mit seinen Gefühlen innerlich verbunden, kann sie aber nur zögerlich, kontrolliert in eine gelebte Beziehung einfließen lassen.

Der **Körper** ist in der Regel gut proportioniert. Der Mensch geht aufrecht mit einer eher rigiden Haltung. Der Brustkorb verbleibt in einer eingeatmeten Schutzstellung leicht angehoben, so daß die relative Unbeweglichkeit des Brustkorbs den Menschen vor einer tieferen Atmung und einem tieferen Gefühl bewahrt. Das Becken ist oft chronisch angespannt bzw. zurückgehalten. Der Körper wirkt lebendig, die Augen glänzen und strahlen. Oft wird die Direktheit des Blicks von anderen Menschen als Ausdruck von Aggression erlebt. Die Bewegung und die Gestik sind in der Regel aufeinander abgestimmt. Der Bewegungsablauf selbst kann harmonisch wirken oder aber eher starr sein. Auf jeden Fall wirken der Körper und der Mensch kraftvoll, selten aber elastisch.

Menschen, die in dieser Entwicklungsphase stark enttäuscht wurden, ziehen sich, für andere oft unmerklich, innerlich zurück. Ein Schleier von Unnahbarkeit läßt sie steif wirken, mit einer Tendenz, sich durch Stolz über die eigenen Gefühle zu erheben. So, als könne man über sich selbst hinweggehen. Nachgeben, inneres Loslassen, vor allem in «weiche Gefühle», erlebt dieser Mensch oft als Unterwerfung und Niederlage. Unnahbarkeit und Stolz und «Steifheit» dienen dazu, Gefühle von außen, von anderen Menschen nur gefiltert «reinzulassen». Gleichzeitig wird hierdurch der Ausdruck eigener, innerer spontaner Impulse zurückgehalten.

Diese Menschen sind **realitätsbezogen**, weltorientiert, ehrgeizig und aggressiv und mit dem richtigen Biß. Sie sind in der Regel gut in die Umgebung und das Beziehungsnetz integriert und besitzen eine gute Arbeitskompetenz. Der Mensch ist leistungsorientiert, hält gerne an Prinzipien und einmal gefaßten Vorstellungen fest, gestattet sich aber in seinem Handeln wenig emotionale Beteiligung. Oft dient dieses Zusammenspiel als Argument, so wie bisher weiterzumachen. Die Realität erfordere eben ein zügiges Durchgreifen, «Gefühle könnte man sich nicht erlauben».

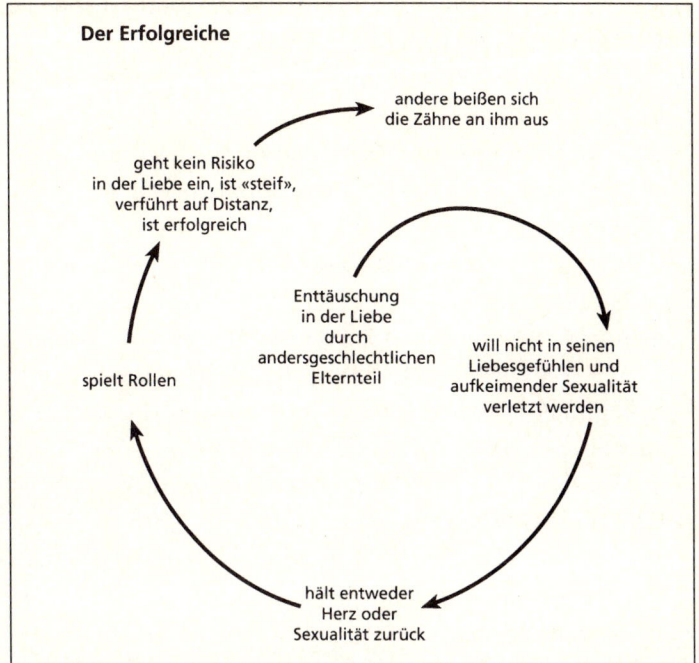

Der Erfolgreiche

andere beißen sich
die Zähne an ihm aus

geht kein Risiko
in der Liebe ein, ist «steif»,
verführt auf Distanz,
ist erfolgreich

Enttäuschung
in der Liebe
durch
andersgeschlechtlichen
Elternteil

will nicht in seinen
Liebesgefühlen und
aufkeimender Sexualität
verletzt werden

spielt Rollen

hält entweder
Herz oder
Sexualität zurück

Empfehlungen für die Übungen

Aufgrund des Persönlichkeitsmodells, des spezifischen Zusammenspiels von Körperausdruck und Persönlichkeit, ergeben sich einige Empfehlungen für den Übungsprozeß. Es sind Empfehlungen für das körperliche Üben (Sport, Gymnastik, Bioenergetik) und für die Entwicklung Ihrer Persönlichkeit.

»» Der Analytiker
- Arbeiten Sie langsam und vorsichtig
- Vermeiden Sie manipulierende, eindringende oder angstmachende Übungen
- Seien Sie vorsichtig mit plötzlich aufsteigender Erregung

- Arbeiten Sie durch langsame Bewegung und wärmende Berührung mit den Gelenken
- Arbeiten Sie zunächst an der Rückseite des Körpers, später an der Vorderseite
- Stützen Sie den Nacken durch Berührung, Lockerung, vorsichtige Dehnung oder sanfte gekoppelte Bewegung mit der Atmung
- Arbeiten Sie viel mit Grounding, offenen Augen, Augenkontakt und Atmung
- Achten Sie immer wieder auf die Verbindung von körperlichen Sensationen und Gefühl, so daß Sie beides erleben
- Überprüfen Sie den Kontakt zur Wirklichkeit, zum Boden, auf dem Sie stehen, oder zu Ihrem Begleiter
- Kopf entlasten
- Das «innere Lächeln» spüren
- Auftauen

»» Der Kommunikative

- Stärken und kräftigen Sie den gesamten Tonus der Muskulatur durch Hopsen, Trampeln, Schlagen, Laufen usw.
- Viel Grounding auf den Beinen!
- Ausdruck von «Nein» durch alle Arten von Bewegung, die mit lauter Atmung, Worten, Trotz, Widerstand verbunden sind
- Machen Sie Übungen zum Ausreichen (Arme ausstrecken) und zur Dehnung des Schultergürtels
- Unterstützende Übungen, um aufkommende Energien zu halten und «sich innerlich einzuverleiben»
- Arbeiten Sie mit dem Vertrauen in die eigenen Fähigkeiten
- Öffnen Sie den Brustbereich und vertiefen Sie die Atmung
- Reden Sie nicht zuviel dabei!
- Intensivierung der Atmung
- Viel Beckenarbeit

- Kuscheln Sie und schmusen Sie!
- Aufhören, **bevor** Sie erschöpft sind

»» Der Macher

- Arbeiten Sie viel mit dem Zwerchfell
- Kontakt ist wichtig zum Bauch-Becken-Raum und zu den sexuellen Gefühlen
- Spüren Sie in den Übungen die Schwäche und Hilflosigkeit im unteren Bereich des Körpers
- Viel Grounding im Stehen
- Ebenso wie beim Kommunikativen ist die Arbeit mit dem Atemschemel im oberen Brustbereich sinnvoll
- Machen Sie nicht zuviel auf einmal oder hintereinander, bleiben Sie bei einer Übung, einem Körpersegment, einem Gefühl und nehmen Sie sich Zeit
- Stützende Gespräche sind wichtig, teilen Sie sich mit!
- Nicht zu stark in Aktivierung gehen
- Entlastung für den Kopf
- Kontakt mit dem «inneren Kind»
- Sanftes Üben und feine innere Regungen spüren

»» Der Verläßliche

- Dehnen und strecken Sie sich und bleiben Sie in der Dehnung
- Nutzen Sie die Chance der Übungen am Atemschemel
- Lockern Sie den Kiefer und Nacken
- Üben Sie sich in heftigen, großen und ausladenden Bewegungen
- Lassen Sie Ihre hoffentlich lauter werdende Stimme innerlich nachklingen
- Experimentieren Sie bei Ihren Übungen mit Ihrem Ausdruck von «Nein» und Ihrem Erleben von «Ich will nicht»
- Bleiben Sie bei dem Ausdruck von Aggressivität

- Lockern Sie Ihr Becken durch Beckenklopfen und durch die gekoppelte Bewegung mit den Beinen
- Stellen Sie sich an die Wand und heben Sie die Arme hoch, und wenn Sie nicht mehr wollen, bleiben Sie stehen und sagen Sie dabei «Ich will nicht» (wenn Sie jetzt lachen, sind Sie bestimmt einen Schritt weiter)
- Es ist immer gut, mal wieder Seilchen zu springen
- «Ab und zu» lernen heißt: mal ja, mal nein
- Üben Sie Ihre Ausdrucksmöglichkeiten
- Wach sein für innere Achtsamkeit

»» Der Erfolgreiche

- Machen Sie kleine, langsame Bewegungen und spüren Sie die feinen Unterschiede und die tiefe Wirkung in der Feinheit
- Üben Sie sich im Erleben zarter, weicher und schmelzender Gefühle
- Spüren Sie Ihre Herzensgefühle. Verbinden Sie in den Übungen Ihre Herzensgefühle mit sexuellen Gefühlen / Phantasien
- Gestatten Sie sich, die Übungen einmal «falsch» zu machen
- Und wenn Sie nicht mehr können, keine Lust mehr haben, hören Sie einfach auf
- Finden Sie einen für Sie jeweils bekömmlichen Rhythmus
- Mobilisieren Sie die Energie und halten Sie gleichzeitig den Körper auf unterschiedliche Art in einer statischen Haltung
- Schmelzen und Hingabe lernen
- Machen Sie sich Ihre Rollen und Masken klar
- Gehen Sie über die Grenzen Ihrer gewohnten Zurückhaltung
- Gestikulieren Sie, gestatten Sie sich verrückte Dinge

Persönlichkeitsmodell

Körpererleben und Körperausdruck verbinden sich in der Wirkung eines lebendigen Menschen nach außen. Sie sind Teil des kommunikativen Geschehens mit dem Gegenüber. Körpersprache ist charakterisiert und geprägt durch «fotografische» Elemente, die aber leider nur allzuoft zu platten alltagspsychologischen Deutungen (verschränkte Arme bedeuten Verschlossenheit) verleiten. Sie ist gleichzeitig Wirkungsqualität nach außen, dialogisches Potential und Erwiderung auf ein Gegenüber.

Befaßt man sich mit Körpersprache, Körperausdruck, so reicht es nicht aus, einer bestimmten Systematisierung oder umgangssprachlichen Zuordnungen zu folgen. Die Bioenergetik versteht unter dem Selbst-Ausdruck die unbewußte Ausdrucksweise des Menschen, wie sie sich beispielsweise im Körpergang oder in der Mimik manifestiert. Der wesentlichste Aspekt bei der **Beurteilung des Selbst-Ausdrucks bildet die Spontaneität oder die Natürlichkeit des Ausdrucks.** Die Frage, die sich hier stellt, lautet: Wie spontan, natürlich oder «echt» ist ein beobachtetes Verhalten oder ein beobachteter Ausdruck? Es ist dabei nicht einfach, spontanes von erlerntem Verhalten zu unterscheiden, denn jeder Verhaltensausdruck enthält fast immer erlernte **und** spontane Elemente. Die Spontaneität beruht auf der Motilität des Körpers. Kinder, die über eine hohe Motilität verfügen, können zum Beispiel aus Freude so erregt werden, daß sie spontan in die Luft springen.

Und doch hat die Erfahrung gezeigt, daß es zu Beobachtung von «feststehenden Verhaltensmustern» kommt. Diese zeigen jeweils die typische Art, wie der Betreffende sein Streben nach Lust gestaltet und hierdurch auf die ihn umgebende Wirklichkeit reagiert. «Körperausdruck und Persönlichkeit» signalisieren ebenfalls «die **Grundeinstellung, mit der der Mensch dem**

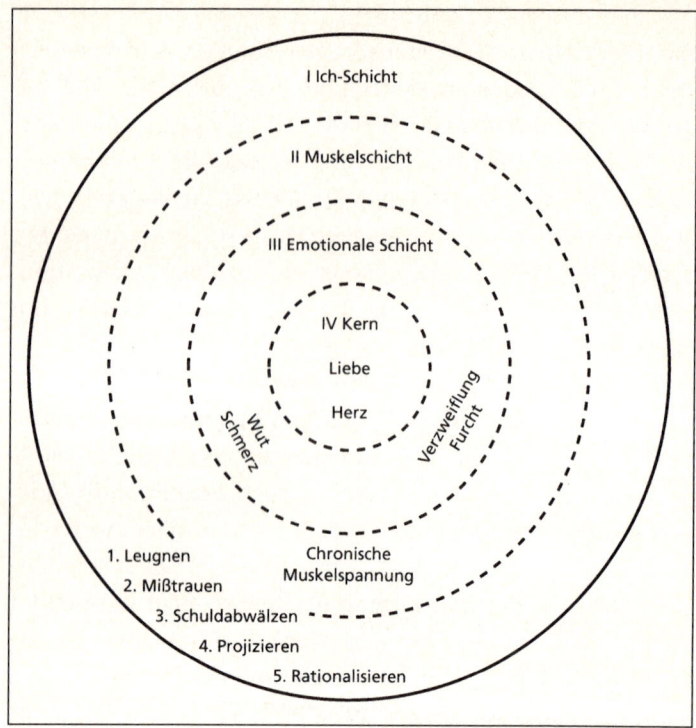

Quelle: Lowen, «Bioenergetik»

Leben gegenübersteht». Hierin drückt sich gleichzeitig die «Abwehrhaltung» gegen erlebte Versagungen und Frustrationen sowie gegen das wiederholte Erleben derselben aus.

Im folgenden möchte ich Ihnen das bioenergetische Persönlichkeitsmodell vorstellen. Betrachten Sie dieses Modell mit Hilfe von Selbst-Erleben, Erkenntnisgewinn, aber auch in all seinen Einschränkungen, die ein solches Modell besitzt. Schauen Sie sich Menschen an, betrachten Sie deren Körper, verstehen Sie die Verbindung von Körperausdruck und Persönlichkeit und lernen Sie sich auf eine neuartige Weise selbst kennen. – Versäumen Sie aber nicht, weiterhin am spontanen

Geschehen des menschlichen Miteinanders teilzunehmen. **Vergessen Sie das Modell und begegnen Sie Ihrem Gegnüber.**

Das bioenergetische Persönlichkeitsmodell bezieht sich auf die lebensgeschichtliche Komponente / Prägung, die im Körperausdruck zur Wirkung kommt, und die situative, kommunikativ-szenische Körpersprache, die sich auf das Hier-und-Jetzt bezieht.

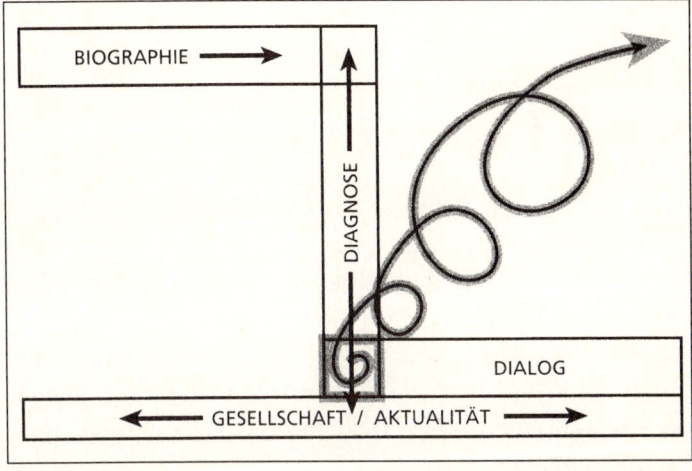

Das bioenergetische Persönlichkeitsmodell zeigt, wie sich die menschliche und die körperliche Entwicklung über fünf zentrale Lebensphasen hin entwickelt. Jeder Mensch trägt, weil er jede dieser Entwicklungsstufen durchläuft, Merkmale **aller** Entwicklungsstufen. Persönlichkeit meint dann immer: **individuelles Persönlichkeitsprofil**. Auch wenn jemand als Macher, als Analytiker o. ä. sozial in Erscheinung tritt, gestaltet sich seine Persönlichkeit als ein Ensemble ganz vielfältiger Einflüsse.

Die (Selbst-)Diagnose verläuft in mehreren Schritten:
Energiemobilisierung

↓

Erhöhung des Spannungsniveaus

↓

Schärfung der bewußten Wahrnehmung

↓

Verbalisierung von Körperprozessen

↓

Verbindung von Körper und Gefühl

↓

Vertrauen in das eigene Selbst (Erleben)

↓

Erkennen zentraler (Lebens-)Entscheidungen

↓

Ermutigung zu neuartigen (komplexen) Erfahrungen von Körper und Persönlichkeit.

Die (Selbst-)Diagnose wird als diagnostisches Geschehen durch fünf Kriterien angeregt. Diese wirken zirkulär aufeinander ein. «Körperausdruck und Persönlichkeit» werden erlebbar und prägnant.

Auf den Punkt gebracht heißt dies:

Wie wird der Körper mit Leben gefüllt und wie wird Leben verkörpert?

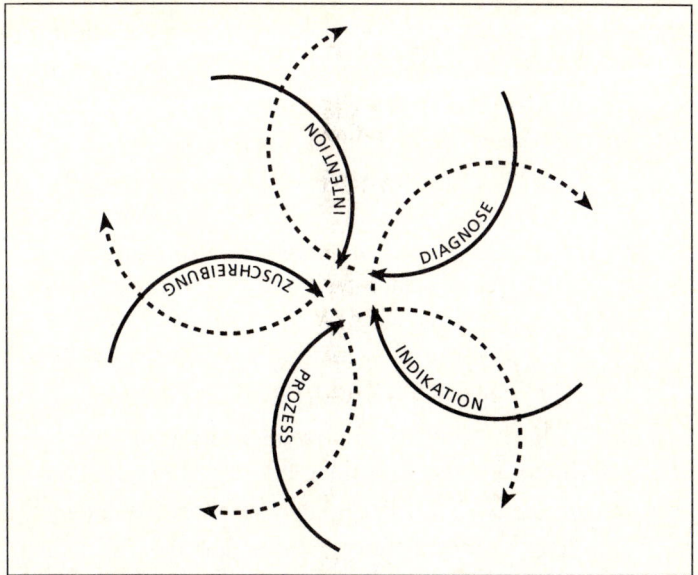

Kohls energisches Kinn und Scharpings männlicher Bart

Schon Goethe hat es gewußt: Was drinnen ist, ist auch draußen. Ein Experte enthüllt die Körpersprache und gibt Politikern gute Tips.

Ministerialrat Walther Keim, 60, arbeitet im Bundeshaus als Leiter der Pressedokumentation. Er versorgt die Abgeordneten mit Presseausschnitten. Nebenberuflich doziert der Politologieprofessor an der Universität Münster über das Thema «Politik und Körpersprache». Seine Klientel beobachtet er seit 30 Jahren im Bundestag.

taz: *Ihre Beobachtungen in der Körperhaltung lesen sich trivial: «Scharping geht, Kohl schreitet. Schon seine weit ausholenden Schritte sagen, daß sich Kohl durch nichts vom Kurs abbringen läßt.» Ist das Wissenschaft?*

Keim: In den USA ist die non-verbale Kommunikations-
forschung sehr viel weiter als hier. Ich kämpfe dafür,
daß wir mit den Augen lesen lernen. Gut die Hälfte
aller Informationen werden durch Körpersprache vermittelt: Mienenspiel, Gestik, Kleidung, Haltung, Par-
fum – das gehört alles dazu. Wir lernen Fremdspra-
chen mit viel Aufwand, aber verstehen kaum mehr als
den erhobenen Zeigefinger, das Naserümpfen und die
hochgezogene Augenbraue.

taz: *Also, was hat Kohl noch, was Scharping fehlt, um
ein Publikumsliebling zu werden?*

Keim: Helmut Kohl hat ein breiteres Kinn als Rudolf
Scharping. Ein Zeichen für erhebliche Energie. Des-
wegen haben sich Scharpings Berater im Wahlkampf
so intensiv mit der Frage beschäftigt: Bart ab oder
nicht? Es geht um die Frage der Männlichkeit. Und
Scharping gewinnt an Männlichkeit durch den Bart.

taz: *So macht er Kohls ausladendes Kinn wett?*

Keim: Der Bart produziert körpersprachlich aber auch
mehr Abstand. Die Körpersprache trägt die Bezie-
hungsebene, und immer überlagert sie die Inhalts-
ebene.

taz: *Woran erkennen Sie das?*

Keim: Er macht kurze, bedächtige Schritte. Seine hohe,
breite und makellose Stirn verrät den Scharfsinn, aber
seine gebremsten Gesten beim Reden zeigen, daß er
für langfristige Strategien ungeeignet ist. Er macht immer beides: aufs Gas treten und gleichzeitig bremsen,
und er gibt zu schnell nach, wenn der Wind von vorne
bläst. Dann kriegt er einen nach vorn gebeugten
Rücken.

taz: *Eine situative Interpretation?*

Keim: Nein, anhand von vielen Videobändern. Vor vier Jahren ging Scharping noch nicht so bedächtig. Eigentlich ist er ein sensibler, offener Charakter. Seine bittenden Augen sagen: Merkt Ihr denn nicht, daß ich eine gute Politik mache? Aber die Haltung ist viel zu bedächtig. Dagegen steht der Machtmensch Kohl, der das alles körpersprachlich voll rüberbringt. Wie Goethe sagt: Was drinnen ist, ist auch draußen.

taz: *Diese Sitzhaltung kann doch einfach nur bequem sein (verschränkte Arme und quergelegte Beine)?*

Keim: Aber es ist eine Laßt-mich-in-Ruhe-Haltung. Die mag ja sehr bequem sein. Achten Sie mal darauf, wie oft Joschka Fischer auf seinem Abgeordnetensessel hin und her rutscht. Das zeigt volle geistige Mobilität. Er geht mit dem Reden der anderen mit und liest offenbar auch unbewußt in ihrer Körpersprache wie in einem Buch. So gewinnt er emotionale Nähe zu anderen.

taz: *Werden Politiker nach den Emotionen, die sie auslösen, gewählt?*

Keim: Churchill motivierte im Zweiten Weltkrieg den Siegeswillen der Engländer mit dem Victory-Zeichen. Willy Brandts Kniefall in Warschau brachte der SPD noch Jahre später die Wähler. Dem Politiker, der Körpersprache zu entschlüsseln versteht, öffnen sich direkte Wege zu den anderen.

Quelle: 18. 10. 1995 «Die Tageszeitung» (taz)

5 Persönlichkeitstypen

Das bioenergetische Persönlichkeitsmodell beschreibt fünf verschiedene Typen. Die unterschiedlichen Zuschreibungen und sozialen Rollen, die jedem Typ zuzuschreiben sind, lauten:

»» Der Analytiker der
«Ich bin anders als die anderen»-Typ
Träumer, Phantast, Narr, «Zerpflücker», der Arrogante u. a. (z. B. van Gogh, Dieter Hildebrand, Klaus Kinski, Salvatore Dalí, Boris Becker)

»» Der Kommunikative – der
«Für meine Familie nur das Beste»–Typ
Bedürftiger, «Aussauger», «Eloquenter», «Betriebsnudel», Jammerlappen u. a. (z. B. Karl Valentin, Heinz Rühmann, Albert Einstein, Thomas Gottschalk, Marylin Monroe, Twiggy)

»» Der Macher – der «Ab durch die Mitte»-Typ
Drahtzieher, Graue Eminenz, «Selbstversorger», «der Besondere», Sklaventreiber u. a. (z. B. Sylvester Stallone, Bill Gates, J. R. Ewing, Saddam Hussein, Alice Schwarzer)

»» Der Verläßliche – der

«Man gönnt sich ja sonst nichts»-Typ

Lastenträger, Dulder, «Arbeitstier», die zweite Geige, der Pro-
tokollant u. a. (z. B. F. J. Strauß, Bundeskanzler Kohl, Winston
Churchill, Nikita Chruschtschow)

»» Der Erfolgreiche – der

«Ich bin, was ich bin»-Typ

«Der Steife», der Elegante, «der Herrscher», der «Rühr-mich-
nicht-an», der Perfektionist, der Rivale u. a. (z. B. Henry
Maske, Bill Clinton, Madonna, Margret Thatcher, Michael
Schumacher)

Körper		
Typ	Energiefluß	Körperlicher «Rettungsgürtel»
Der Analytiker	– Energie ist im Kern eingefroren – explosive Ladung – latent	– sichert sich vor zuviel Gefühl ab
Der Kommunikative	– zu wenig aufgeladen – rasch verströmende, niedrige Energie	– verschließt sich vor zuviel Entsagung
Der Macher	– Energie ist nach oben verschoben – wenig Energie im unteren Körperbereich	– beherrscht sich
Der Verläßliche	– vollgeladen, aber festgehalten – Energie ist festgefahren	– verschließt sich nach außen
Der Erfolgreiche	– gute, hohe Energie – aber kein spontaner Fluß	– sichert sich gegen zuviel Liebe und Weichheit ab

Körper

Augen	Stimme	Bewegung / Wirkung

– blank, leer
 – macht nicht
   wirklich Kontakt
 – starke Spannung
   um die Augen, einge-
   sperrter Blick, ver-
   meidet Augenkontakt
	– mechanisch
	 – unbeteiligt
	 – verwirrend
	 – Wortsalat
	 – manchmal «teuf-
	   lisches» Lachen
		– mechanisch
		 – abgerissen
		 – unharmonisch
		 – kann einseitig
		   gehen

– fragend – bittend – ungläubig – schwach	– schwach – traurig – kindlich	– zusammen- gebrochen – besiegt – energielos – müde

– wachsam
 – mißtrauisch
 – manchmal stechend
 – aber auch weich
   und verführerisch
	– weich
	 – angenehm
	 – verführerisch
	 – manchmal
	   nuschelnd
	 – aber auch stark, fest
	 – spricht schnell
		– kann gehen, als
		   ob er «jemanden
		   umbringen wollte»
		 – ärgerlich
		 – verführerischer
		   Gang

– weich – traurig – leidend	– jammernd – irritierend	– mühsam – entmutigt – langsam – bedächtig – schwer – oft unterbrochen

– heller, klarer,
   interessanter Blick
	– übermäßig aus-
	   drucksvoll
	 – kann schnell und
	   doch klar sprechen
		– bestimmt
		 – energisch
		 – schnell
		 – rollend-weich
		 – verführerisch

Erleben		
Typ	**Zentraler (Lebens-)Konflikt**	**Kernüberzeugung**
Der Analytiker	– Vertrauen vs. Mißtrauen	– «Mit mir ist etwas verkehrt»
Der Kommunikative	– Eigenständigkeit vs. Bedürftigkeit	– «Es ist niemand für mich da»
Der Macher	– Initiative vs. Schuldgefühl	– «Dräng mir nichts auf» – «Komm mir nicht zu nah»
Der Verläßliche	– Arbeitsfähigkeit vs. Schuldgefühl	– «Ich bin ein schlechter Mensch» – «Ich mache alles falsch» – «Es ist hoffnungslos»
Der Erfolgreiche	– Identität vs. Selbstverlust	– «Niemand versteht mich» – «Ich muß arbeiten, um okay zu sein» – «Es gibt immer noch etwas zu tun»

Erleben

Abwehrmechanismus	Existentielle Anschauung	Selbstbild / Persönliche Lebensphilosophie
– «Ich isoliere mich»	– «Ich kann existieren, wenn ich keine Bedürfnisse habe» (bleibt isoliert)	«Mein Geist ist mein Wesen»
– «Ich bin also hilflos und kann keine Verantwortung tragen»	– «Ich kann Bedürfnisse haben, wenn ich nicht abhängig bin» (bleibt abhängig)	«Ich kann nicht alleine sein»
– «Ich baue mich auf für mich selbst und suche meine Chance»	– «Ich kann unabhängig sein, wenn ich die Kontrolle nicht aufgebe» (kann keine enge Beziehung eingehen)	«Das Leben ist eine Sache von Willenskraft»
– «Ich zeige meine Gefühle und Meinungen nicht mehr»	– «Ich kann nah sein, wenn ich nicht frei bin» (bleibt unterwürfig als Preis für Intimität)	«Ich muß immer behagen»
– «Ich gehe kein Risiko in der Liebe, Weichheit ein»	– «Ich kann frei sein, wenn ich keine Wünsche habe» (kann das Herz nicht öffnen)	«Ich muß eine gute Figur machen»

Belastung / Streß		
Typ	**Reagiert empfindlich auf**	**Verhalten unter Streß / Krise**
Der Analytiker	– Informations- überladung – Unterbrechungen – soziale Situationen – emotionale Nähe und Berührung	– unterdrückt Impulse
Der Kommunikative	– Alleinsein – Ausgeschlossensein – eigene Fähigkeiten – Kompetenz	– holt Hilfe
Der Macher	– abhängig sein von anderen – Frustration aufgrund von Verzögerungen – Gleichheit – Leistung	– macht es selber / verfügt über eigene Kraft
Der Verläßliche	– Angetriebensein – Geschubstwerden – Gedrängtwerden – Gemochtwerden – Verantwortung über- nehmen	– wartet ab und verzögert
Der Erfolgreiche	– Unbefriedigtbleiben – nicht die eigenen Bedürfnisse erfüllt bekommen – Bedürfnis nach Ehrlichkeit – Zurückgewiesen-, nicht Gehört- und nicht Verstandenwerden	– erregt Aufmerk- samkeit und verstärkt Anstren- gungen

Belastung / Streß

Ängste / Vorurteile	Typische Widerstandsmuster	Überlastungsstrategie
– Angst, unwichtig zu sein – «Der andere bedroht mein Leben»	– stellt sich tot	– Flucht / Blockbildung / Filtern
– «Der andere gibt mir nicht, was ich brauche» – «Ich fühle mich alleine und verlassen»	– flüchtet	– Ersatzkanäle (Hilfe holen)
– Angst vor Unterwerfung – «Der andere beschränkt meinen Lebensraum und Aktionsradius / beherrscht mich»	– wehrt und windet sich	– Abstrahieren / Ersatzkanäle (Manipulieren)
– Angst vor Erniedrigung, Schuld und Scham	– macht alles runter	– Warteliste / Verzögerung
– Angst vor Schmerz, gekränkt und verletzt zu sein – «Der andere stößt mich weg, gerade wenn ich ihm meine Liebe, Weichheit geben möchte»	– zwingt sich und andere	– schneller machen / Flucht

Handeln		
Typ	Fundamentale Stärken	Aggressives Verhalten
Der Analytiker	– theoretisch-analytisches Denken – Vorstellungskraft	– blockiert und unterentwickelt – aber akzeptiert, um zu überleben
Der Kommunikative	– Ausnutzung aller Energiequellen – Kritikfähigkeit	– gering
Der Macher	– Findigkeit – Produktivität – Initiativbereitschaft	– hoch – aber oft nicht sichtbar
Der Verläßliche	– Loyalität – Ausdauer – Resistenz gegen Beeinflussung	– reduziert – kann sich nicht auf Herausforderungen einstellen
Der Erfolgreiche	– Lebendigkeit – Attraktivität – künstlerische Fähigkeit – Loyalität und Ausdauer	– Abwehr gegen das Nachgeben von «Herzensgefühlen»

Handeln

Ausgleichs-verhalten	Durch-setzungs-vermögen	Arbeitsleistung	Verhalten gegenüber Vorgesetzten
– «Ich werde alle anderen ein-schüchtern und bedrohen»	– bricht Blei-stifte ab	– reißt Kalen-derblätter ab	– fragt Vorge-setzte nach der Uhrzeit
– «Ich werde ‹nein› sagen und alle anderen dürsten lassen»	– bricht leicht zusammen	– reißt vor der Arbeit aus	– parkt auf reserviertem Chefparkplatz
– «Ich werde alle anderen ein-schränken»	– durchbricht Stahlbeton	– reißt Bäume aus	– macht Vorge-setzte über-flüssig
– «Ich werde alle anderen ernied-rigen und beschämen»	– durchbricht Mauerwerk	– reißt sich ein Bein aus	– öffnet Vorge-setzten die Tür
– «Ich werde alle anderen anzie-hen und danach wegstoßen»	– durchbricht die Arbeit	– reißt sich zusammen	– grüßt Vorge-setzte stets höflich

Führungsverhalten			
Typ	**Führungs-verhalten**	**Kontaktstrategie**	**Geistige Fähigkeiten**
Der Analytiker	Führung in Einsamkeit	– bemüht sich nicht groß um Verständnis – lebt in seinem Raum	– löst komplizierte Kreuzworträtsel
Der Kommunikative	kommunikativer Stil	– Appell an Nähe – braucht Zeit	– löst sich vom Fleck
Der Macher	Durchsetzungskraft	– bleibt auf Abstand – macht Kontakt, wenn er ihn braucht	– löst auf der Stelle jedes Problem
Der Verläßliche	Verläßlichkeit	– macht langsam und mühsam Kontakt – drängt im Kontakt	– muß nachdenken, um Probleme zu lösen
Der Erfolgreiche	kooperativ-distanzierte Klarheit	– macht Kontakt in der stillen Hoffnung, eine persönliche Wertschätzung für seine Leistung zu bekommen	– hat mit Lösungen keine Probleme

Führungsverhalten

Problem in Beziehungen	Typische «Bärenfallen»	Stärken / Potentiale
– das Gefühl, daß andere ihn um sich haben wollen	– träumt und versucht, den anderen alles glauben zu machen	– Kreativität – intuitive Wahrnehmung – spirituelle Fähigkeit – künstlerischer Ausdruck – Überlebensfähigkeit
– das Gefühl, daß er ein vollwertiger Partner sein kann	– fragt und fragt immer mehr	– wissenschaftliche Neugier – Logik, Tüftelei – Erfindergeist – geistiger Höhenflug mit «penibler Akkuratesse» – Reden, Schreiben, Klassenprimus sein
– das Gefühl, sich auf andere verlassen zu können	– kämpft	– Abenteuerlust – Krisenmanagement – Vorbild sein – Wagemut – Durchsetzungskraft
– das Gefühl, andere werden durch Verzögerungen, Fehler und Abschieben der Verantwortung frustriert	– fragt und macht mehr, als er soll	– herzlich und liebevoll sein – Fürsorge zeigen – Verläßlichkeit und Loyalität – enorme Ausdauer und Hingabe – Hartnäckigkeit und Bauernschläue – «Fels in der Brandung sein»
– das Gefühl, Aufmerksamkeit zu brauchen, oder das Gefühl, zu beschäftigt, zu kühl, zu unpersönlich zu sein	– verführt auf Distanz	– leistungsorientierter Arbeitseinsatz – erfolgreich, risikofreudig und kompetent – gewinnendes Äußeres – Ehrgeiz und Durchhaltevermögen

6 KÖRPER-MANAGEMENT

Damit Sie einen Eindruck von den Anwendungsgebieten bekommen, skizziere ich Ihnen zentrale Praxisbereiche. Eine ausführliche Darstellung derselben würde den Rahmen dieses Buches sprengen.

Zentrale Leitkriterien von **Körper-Management** sind:
1. Erleben und Erfahrung
2. Erkennen und Diagnose
3. Verstehen und Handeln

Körper-Management ist als **zusammenhängendes Konzept** bislang nicht beschrieben, identifiziert und konzeptioniert. Es gibt unterschiedliche Praxismodelle und Anwendungsgebiete, die bislang relativ isoliert voneinander betrachtet und erprobt sind. So gibt es z. B. den Bereich **Körper und Gesundheit / Fitneß**. Er ist den meisten durch die eigene Erfahrung vertraut. Ein anderer Bereich ist die Erfahrung der Wechselwirkung von Körpererleben und Persönlichkeitsentwicklung. Er ist Bestandteil vieler Bildungsprogramme. Ein dritter, vielen bekannter Bereich ist die unmittelbare **Verkörperung im Rollenspiel**, im szenischen Anspielen von Team-Problemen usw.

Körper und Kontext

Darüber hinaus gibt es in der Literatur interessante Denkmodelle, die sich einerseits mit dem Verhältnis von **Körper und**

umgebenden Rahmenbedingungen befassen oder mit dem Verhältnis von **Körper und Technik**. Ein Vertreter des ersten Ansatzes ist beispielsweise **Richard Sennett**, der sich eingehend mit dem Zusammenspiel von **Körper und Stadtentwicklung** befaßt hat. In seinem Buch «Fleisch und Stein» beschreibt er eingehend, wie der Körper und die Stadt sich in der westlichen Zivilisation entwickelt haben. Thema ist das Verhältnis des Steins, der Gebäude und Straßen zum Fleisch, zu den Menschen und ihren Bedürfnissen.

Sennett geht von sehr einfachen Fragen aus: Was bedeutet der Schutz der Mauern für die Einwohner der Stadt? Wie bilden sich Sehnsüchte und Bedürfnisse der Menschen in ihren Bauten ab? Die körperliche Erfahrung der Menschen hat die Geschichte der Stadt bestimmt: wie Frauen und Männer sich in den Straßen bewegten, was sie sehen und gehört haben, wo sie aßen, wie sie sich kleideten, wann sie sich wuschen und wo sie sich liebten – und auch umgekehrt.

Was geschieht mit dem städtischen Raum, wenn die moderne Wissenschaft den menschlichen Körper aus seiner Bindung an Religion und Glauben löst? Aktuelles Beispiel ist für Sennett die ständige nervöse Gereiztheit moderner Großstädte wie London und New York. Themen, die sich aus einem solchen kontextuellen Ansatz ergeben, sind z. B. «Der Verfall und das Ende des öffentlichen Lebens» oder «Die Großstadt und die Kultur des Unterschieds». (Sennett)

Entfaltung der Sinne

Ein Vertreter des 2. Denkmodells ist **Hugo Kükelhaus**, der mit seinem «Versuchsfeld zur Organerfahrung» europaweite Demonstrationen vorgenommen hat, den Erinnerungspfad längst vergessener Körpererfahrung im Umgang mit (technischen) Phänomenen zu neuem Leben zu erwecken. Kükelhaus geht davon aus, daß großtechnische Entwicklungen die menschliche Wahrnehmung auf bloße «Kopfarbeit» beschränken. Nur die **Entfaltung unsere Sinne** wie Riechen, Fühlen, Schmecken, Hören und Sehen sowie stetes Einüben in das Gleichgewicht des Körpers vermag diese Zerstörung des Menschen aufzuhalten.

Die Entfaltung der Sinne wird von ihm verstanden als ein **Erfahrungsfeld zur Bewegung und Besinnung.** Ihm geht es um die praktische Erfahrung des Körpers, um die Beziehung von Körper-Erfahrung und -Bewußtsein sowie die – wie er sagt – «unmenschliche Architektur» pädagogischer Einrichtungen («Von der Tierfabrik zur Lernanstalt»). Hunderttausende von Besuchern der Ausstellung «Erfahrungsfeld zur Entfaltung der Sinne», die seit Jahren Europa bereist, sind ein sichtbarer Beweis für die Aktualität und Brisanz der Kükelhausschen Thesen.

Der Körper und die «lernende Organisation»

Beide Denkmodelle erweitern das Konzept der **«lernenden Organisation»** um zwei wesentliche Aspekte. Auch wenn das Lernen engagierter Einzelkämpfer passé ist und es heute um das Lernen vieler, ja möglichst aller Mitarbeiter in Betrieben, Unternehmen und Organisationen geht, so steht und fällt alles durch die Ver-Körperung der persönlichen Bedürfnisse / Interessen der beteiligten Menschen und die der Rahmenbedingungen und Funktionen der jeweiligen Organisation.

«Management by Körper» wird daher in vier zentralen Bereichen zur Anwendung kommen:

1. **Körper und Persönlichkeit**
   (Körpersprache, Körperausdruck und Persönlichkeit, Körpererfahrung als Selbsterfahrung, Umgang mit dem Widerstand)

2. **Körper und Lernen**

   (Bioenergetik, Verhalten: Halten und Haltung, Einüben von Wirkfaktoren: Impulsvorgabe zur Selbstregulation qua Körpererfahrung, Wahrnehmung der Sinne und Schulung der reflexiven Bewußtheit)

3. **Körper und Organisation**

   («Körper schaffen Körperschaften» – Körperschaften schaffen Körper, Körper im psychosozialen Spannungsfeld, Streßgeschehen, Körper und Unternehmenskultur)

4. **Körper und Transfer**

   (Coaching, Rolle des Körpers in Supervision u. a., Ver-Körperung in Konfliktsituation, Entwicklung usw., Streß-Management als Bestandteil von Organisationsentwicklung)

Der Mensch auf der Zeitachse

Damit Sie sich persönlich einen kleinen Eindruck verschaffen können, wie es bei Ihnen um das Verhältnis von Körper und Organisation bestellt ist, möchte ich Sie bitten, sich eine konkrete Situation vorzustellen, in der es um den Körper geht, um Ihre Person und eine ganz spezielle (Arbeits-)Situation. Sammeln Sie nun spontan, ohne groß nachzudenken, wie bei einem Brainstorming unterschiedliche Aspekte, die zur Illustration dieser Situation gehören. Schreiben Sie diese jeweils auf einen Zettel. Es geht dabei nicht um eine lückenlose Beschreibung der Situation, sondern um eine Skizzierung über den spontanen Einfall.

Nehmen Sie sich dann einen großen Bogen Papier, übertragen Sie untenstehendes Koordinatenkreuz auf dieses Papier und ordnen Sie Ihre spontanen Einfälle (sprich Zettel) in den vier Feldern des Koordinatenfeldes ein. Verschaffen Sie sich nun einen ersten Eindruck, indem Sie sich durch Ihre Spontan-Diagnose leiten lassen. Sie werden erkennen, ob Sie eher vergangenheits- oder zukunftsorientiert sind, ob Sie eher bewußt oder unbewußt sind, ob Sie eher im Körperlich-affektiven oder im Kognitiven sind und ob Sie sich eher durch bewußtes beziehungsmäßiges Handeln oder durch die (Re-)Aktivierung von Wirkungszusammenhängen leiten lassen.

Vergessen Sie dabei nicht, daß «**ein Weg dadurch entsteht, indem man ihn geht**». Gehen heißt dabei, zwei Beine zu haben, einen festen Boden unter den Füßen zu spüren, sich aufrecht einem anderen Menschen zuzuwenden und zu gehen.

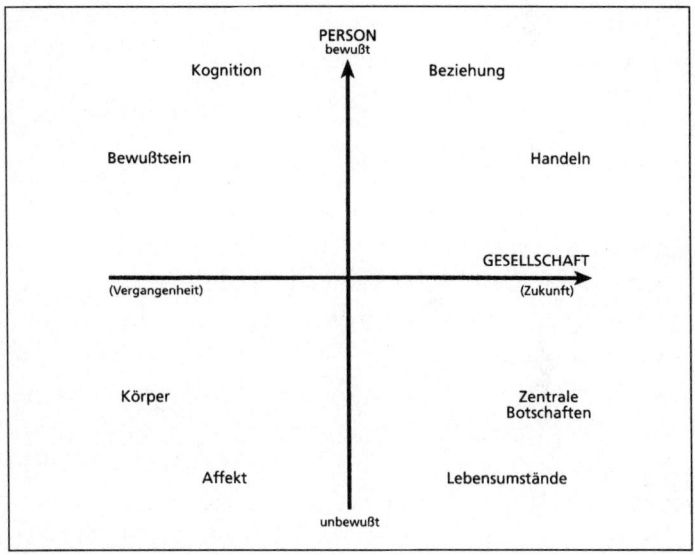

7	EXEMPLARISCHE PRAXIS-KONZEPTE

Führung und die Wahrnehmung der inneren Realität

Unternehmen sind bemüht, den Boden der Realität (sprich: Markt) zu erforschen, um die Möglichkeiten herzurichten, ihre Produkte mit Erfolg zu verkaufen. Mitarbeiter und Führungskräfte sind fachlich ausgebildet und qualifiziert, diese Prozesse zu gestalten. Sie sind sich dabei ihrer eigenen **inneren Realität** oft nicht bewußt. Diese prägt aber die persönliche Wahrnehmungsfähigkeit, das Erleben, die Flexibilität, sich auf neue, unsichere Dinge einzulassen. Sie charakterisiert die individuell unterschiedlichen Denkmuster, Leistungsmerkmale und die Handlungskompetenz sowie das **Gefühl für Erfolg**.

Der Bezug zur eigenen inneren Realität, sprich **Identitäts- oder Persönlichkeitsgefühl,** wird in der frühen Kindheit angelegt. Die Art und Weise, wie ich mich als Mensch erlebe, wie sicher ich mir meiner selbst bin, wie ich denke und handle, wieviel Vertrauen ich in die Welt habe, bildet sich heraus im dialogischen Zusammenspiel mit der Mutter, mit der Familie. Wird das Kind gut versorgt und fühlt es sich wertvoll und geschätzt, kann es ein positives Selbstwertgefühl entwickeln. Dieses ist Grundlage dafür, sich die Welt auf eine jeweils besondere Art und Weise anzueignen, bestimmte Rollen zu übernehmen und sich im Dialog mit anderen zu verwirklichen.

Jeder lernt auf seine eigene Art und Weise, sich am Prozeß

kreativer Entwicklung zu beteiligen. **Jeder** hat Visionen, **jeder** kann kommunizieren, **jeder** kann sich durchsetzen, **jeder** kann die Ergebnisse stabilisieren und sichern sowie Erfolg erzielen. **Und doch hat jeder eine besondere Kompetenz für eine der Phasen schöpferischer Selbstverwirklichung erworben.** Diese zu ermitteln und zu fördern ist wesentliche Aufgabe von **Personal Mastery.**

Personalauswahl, Projekte sowie Teams sind daher einerseits angewiesen, auf die fachlichen und kommunikativen Fähigkeiten der entsprechenden Person zu achten. Andererseits kann ein **Arbeitsergebnis nur dann zu einem schöpferischen Werk werden**, wenn die persönlichen Stärken (sprich innere Realität), die auf dem jeweilig individuell unterschiedlichen Gefühl für Erfolg beruhen, sich entfalten können.

Jede Arbeitsgruppe, jedes Team, jedes Unternehmen braucht also Erfolg und persönliches Gefühl für Erfolg.

Körpersprache und Persönlichkeit

»» Warum?

Körpererleben und Körperausdruck sind die Wirkung eines lebendigen Menschen nach außen und Teil des kommunikativen Geschehens.

Die Körpersprache ist wie eine Muttersprache, die verlernt wurde, und wie ein Dialekt, den nur noch wenige sprechen und verstehen.

Und doch wirkt sie geheimnisvoll in jedem Atemzug unseres Lebens. Bei jedem Blick, bei jedem Schritt und in jedem Gespräch!

»» Wohin?

Körpersprache ist charakterisiert und geprägt durch «fotografische» Elemente, die Wirkungsqualität im menschlichen Miteinander, dem Dialog und in der Einzigartigkeit der Persönlichkeit jedes einzelnen.

Es gilt, diese Botschaften zu verstehen und selbst leben zu lernen.

»» Wie?

■ Körperwahrnehmung / Körpererleben
  – Den eigenen Körper spüren und den des anderen wahrnehmen
  – Körpersignale, Haltungen, Bewegungen erkennen und differenzieren
  – Vertraut werden mit Komplexität körpersprachlicher Botschaften
  – Körpersprachliche «Regeln» und Muster erkennen
■ Körpersprache
  – Körperausdruck im Wechselspiel von Selbst- und Fremdwahrnehmung erproben
  – körperliche Ausdrucksfiguren als Persönlichkeitsmerkmal erkennen
  – Körpersprache als Beziehungsangebot erkunden
■ Körper-Dialog
  – Simulation körpersprachlichen Ausdrucks
  – Sich körpersprachlich nonverbal im Dialog präsentieren
  – Wirkungsvolle Verbindungen von nonverbalem und sprachlichem Ausdruck
  – Sich im alltäglichen nonverbalen Verhalten in bekannten Räumen bewußt erleben (Büro, Verhandlungsgespräch, Geschäftsessen usw.)

»» Wodurch?
■ Bioenergetische Übungen
■ Sensibilisierungs- und Wahrnehmungsübungen
■ Bioenergetisches Körperlesen

- Rollenspiel, Erörterung von verschiedenen «Körper-Profilen»
- Schriftliche Informationen und gemeinsames Gespräch

Persönliches Streß-Management – Kompetenz an den Grenzen der Belastbarkeit

»» Ziel:

- Die Teilnehmer werden mit einer neuartigen Methode der Streß-Bewältigung und körpereigenen Regeneration / Selbstregulation vertraut gemacht
- Persönliches Streß-Management als kraftvolle und effektive Steuerung der Wechselwirkung von äußeren Streß-Faktoren und persönlichem Streß-Erleben
- Die Fähigkeit, die Grenzen der eigenen Belastbarkeit zu bestimmen und zu wahren
- Die körperlichen Ressourcen entwickeln

»» Inhalt:

- Die Erfahrung der eigenen Person in der Ausdrucksweise des Körpers (Atmung, Bewegung, Mimik, Gestik usw.)
- Erkennen der Signale / Botschaften des Körpers unter Streß
- Erkennen des eigenen Erlebens und Handlungsmuster unter Belastung (Streß-Profil)
- Die Verbesserung der eigenen Einflußnahme auf den Wechsel von Anspannung und Entspannung (Energiemobilisierung)
- Die Erörterung des Handlungsspielraums unter Belastung und Streß (Streß-Management)
- Die Steigerung des Durchsetzungsvermögens, der Vitalität, der Spannkraft, der Leistungsfähigkeit (Streß-Kompetenz)

»» Methoden:
- Atmung, Bewegungs- und Entspannungstechniken
- Spezifische bioenergetische Übungen
- Mentale Regulation, psychophysische Selbstregulation
- Einzelberatung, Analyse des körperlichen Streß-Profils und Gruppengespräch
- Kurzvortrag

Die Führungskraft als Coach – Beratung in schwierigen Berufssituationen

Coaching – die personenbezogene berufliche Einzelberatung – bietet als anspruchsvolles und exklusives Instrument der **Personalentwicklung** und **Persönlichkeitsentwicklung** jene Unterstützung, die innerhalb des beruflichen Kontexts nicht zu bekommen ist. Führungskräfte sehen sich heute mehr denn je mit einer **personenbezogenen Beratung** konfrontiert, ohne daß sie hierfür die entsprechenden Führungsinstrumente entwickelt haben.

Das **bioenergetische Coaching** bezieht den Körper aktiv mit in den Beratungsprozeß ein. Einerseits ist der Körper (Mimik, Gestik, Körperhaltung, Bewegung u. a.) Teil des Beratungsgeschehens (Körpersprache, Persönlichkeitsmuster). Andererseits fungiert er selbst als Coach (körperbezogene Feedback-Prozesse).

»» Inhalte
- Anlaß und Gegenstand von Coaching
- Ablauf des Coaching (Vertrag, Ziel, Arbeitsform)
- Intervention der Führungskraft als Coach
- Grenzen des Coaching
- Einführung in die Bioenergetik
- Körpersprache und Persönlichkeit

- Rolle des Coach, der Körper als Coach
- Praxis personenbezogener Zielvereinbarung, Karriereplanung usw.

Handlungsbegleitendes Lernen als Anleitung zur Verunsicherung

Es wird viel verlangt: Schnelles Reagieren, Entscheidungsfreude bei gleichzeitiger Besonnenheit. Der Tanz mit dem Kunden: Zuhören, verstehen und überzeugen können …, visionäres Denken, Ziele entwickeln, Ausstrahlung haben …

Viele Entscheidungsträger und Mitarbeiter fühlen sich gerade bei Wandlungsprozessen alleine gelassen. Es ist daher angezeigt, durch die Begleitung eines gemeinsamen Lern- und Veränderungsprozesses die Organisation (Betrieb, Schule, Abteilung, Projekt-Team u. a.) bewußter zu sehen und die Zusammenhänge unterschiedlicher Einflußgrößen sowie deren Dynamik und Entwicklung besser zu verstehen. **Körperbezogene Supervision** und **Coaching** unterstützen die Entwicklung:

selbstbestimmter Veränderungsstrategien auf der Basis **selbst**erkannter und **selbst**benannter Situationen, Entwicklungen, Zustände und Verhaltensweisen.

»» Nämlich den Mut zur Unsicherheit

Problemlösungen erfordern, neue Ansichten zu entdecken, mit anderen zu kommunizieren und voll Selbstvertrauen zu experimentieren. Das bedeutet auch, Dinge zu tun und gleichzeitig das Gegenteil davon im Auge zu behalten. Der Mensch, der gleich von Beginn an fest davon überzeugt ist, daß seine Meinung die einzig richtige ist, hat von vornherein verloren. Er ist wie die Zeitgenossen Galileis, die sich weigerten, durch sein Fernrohr zu schauen. Sie weigerten sich zu sehen, was nicht erlaubt war bzw. was es nicht geben durfte.

Viele Manager und Organisationen meinen immer noch, Galilei der Lüge überführt zu haben.

Wahrnehmung, (neue) Realisation und Handeln fließen zusammen wie ein **Fluß**. Manchmal ist er ruhig, dann wieder ein reißender Strom. Er symbolisiert den Tanz, aber auch den Kampf zwischen Chaos und Ordnung so lange, bis sich eine neue Strömung entwickelt hat, die eine neue Ordnung darstellt.

und interessiert sind an der **Bioenergetik in der Praxis,** können Sie weitere Informationen zu den **Arbeitskonzepten** der Bioenergetischen Analyse und deren **Anwendung** in der Praxis direkt unter folgender Adresse anfordern:

Ulrich Sollmann
Dipl. rer. soc.
Höfestr. 87
44801 Bochum
Tel.: 02 34 / 38 38 28
Fax.: 02 34 / 38 47 04
e-mail: Sollmann.Ulrich@cityweb.de

Dort sind ebenfalls In-House-Konzepte, Seminarinhalte, Termine und Literaturliste gegen einen frankierten Din-A5-Umschlag erhältlich.

Herr Sollmann ist als erster Vorsitzender des Deutschen Verbands für Bioenergetische Analyse (DVBA) natürlich auch bei der Suche nach zertifizierten bioenergetischen Analytikern behilflich.